グローバルサウスの地政学

宮家邦彦

キヤノングローバル戦略研究所
理事・特別顧問

824

中公新書ラクレ

はじめに

世界秩序が塗り替わる。変化の中心は覇権を争う米国と中国だけではない。グローバルサウスと呼ばれる新興勢も台頭し、国際社会の極は北から南へと揺れ動く。従来の常識が覆る「ポーラーシフト」の時代に入った。

（2024年1月22日付日本経済新聞「迫るサウスの時代　覆る世界の常識　旧秩序の矛盾突く」より）

まずは冒頭のややセンセーショナルとも思える書き出しを読んでみて欲しい。あたかも現下の国際政治に革命的な変化が生じているが如き分析記事だが、この種の見方に筆者は必ずしも与しない。最近は「グローバルサウス」論が流行のようだが、これら諸国の多くは、第2次大戦まで「植民地」、冷戦時代には「第三世界」、「開発途上国」などと呼ばれ、今はその一部が「新興国」と呼ばれ始めているだけの話。これが今の筆者の、やや意地悪だが、正直な理解だ。先進国の「上から目線」ではないか、との批判は覚悟の上である。

「グローバルサウス」の虚像

「グローバルサウス」なる用語だって決して新しくはない。同概念の真の発明者は今もって不明だが、筆者が調べた限りでは、米国の学者Carl Oglesbyが1969年に「グローバルサウスに対する数百年間ものノース（注：先進国）の優位が耐え難い社会的秩序を生み出した」と書いているそうだ。「グローバルサウス」は少なくとも半世紀以上前の古い概念だとは言えるだろう。

「グローバルサウス」の定義も決して明確ではない。ケンブリッジ英語辞典はGlobal Southを、the group of countries that are in Africa, Latin America, and the developing parts of Asia（アフリカ、ラテンアメリカ、及びアジアの開発途上地域の諸国）と定義する。だが、こんなもの、定義とはとても言えない。ちなみにこの「グローバルサウス」、中国では「全球南方」と直訳されている。

そもそも、冒頭の新聞記事は「国際政治のポーラーシフト」というが、英英辞典の通り

「グローバルサウス」とは世界各地の開発途上諸国の集合体に過ぎない。「グローバルサウス」なる国際組織や事務局は存在しない。当然、議長も、責任者も、リーダーもいない。こんなものが「世界秩序を塗り替え」、国際政治の「極」となるほど、国際情勢は甘くない。

「グローバルサウス」の実像

それでは「グローバルサウス」を議論する意義はないのかと問われれば、それも違う。現在の国際秩序の基本は欧米を中心とする民主主義・自由市場経済・法の支配・人権・人道主義だ。しかし、如何にリーダー不在でも、一体感を欠いていても、欧米の価値体系に反感や違和感を持つ「グローバルサウス」の国々だって、決して少なくはない。

これら諸国も数の上では、潜在的に、国連加盟国の多数を占めている。「グローバルサウス」が今後恒常的、組織的な政治勢力となるか否かは未知数だろう。だが、少なくとも特定の国際問題・政治問題について一種の「拒否勢力」を構成することは十分考えられる。その意味で「グローバルサウス」も一定の政治的「実像」を伴っているとは言える。

以上を前提に、本書では「グローバルサウス」の虚像部分を過大評価も過小評価もせず、ひたすらその実像に迫っていく。具体的には、上述の「植民地→第三世界→開発途上国→新興国→グローバルサウス」という概念の歴史的変遷を念頭に置きつつ、「グローバルサウス」の実像について①政治的、②経済的、③社会的、④文化的な視点から仮説を立て、それぞれ論じてみたい。

政治

まずは政治面の仮説から。先に筆者は、「グローバルサウス」にあまり実体はないと書いた。しかし、過去100年間の国際政治を振り返ってみれば、「グローバルサウス」諸国は「植民地」から「第三世界」、「途上国」更には「新興国」へと、徐々にではあるが、着実に発展を続けている。されば、少なくともその一部が国際社会の中で無視できない政治的実力を持ちつつあることも否定できない。

しかし、こうした最近の変化は、必ずしも「グローバルサウス」諸国の政治的地位向上だけが主たる原因ではない。「グローバルサウス」の台頭は、欧米など「先進国」が以前のような圧倒的優位を失い始め、相対的に、その政治的影響力が低下しつつあることの論理的帰結でもある。これが筆者の第1の仮説である。

第2次大戦が終わり、1960年代にアジア、中東、アフリカ、南米で多くの植民地が独立した頃、世界は米ソ冷戦、すなわち自由主義の「第一世界」と共産主義の「第二世界」との対立の時代に入った。30数年を経てソ連が崩壊した後、1990年代は良くも悪くも「米国独り勝ち」の時代だった。だが、21世紀に入った今、国際場裡での欧米諸国の地盤沈下はほぼ不可逆的にすら見える。

経済

次に、経済面の仮説に移ろう。冷戦時代、G7諸国の名目GDPの世界全体に占めるシェアはピークの1980年代後半で70%近くあった。その後、90年代～2000年代前半までに60%台となり、08年のリーマン・ショック後は5割を切り、28年には4割程度になるとすら予想されている。

これに対し、「グローバルサウス」側はその経済的影響力を拡大しつつある。1970年代の2回のオイルショック以降、湾岸の産油国を中心に「グローバルサウス」は資源・エネルギー面での主導権を徐々に獲得し、1990年代以降は中国経済の高度成長、原油価格高騰によるロシアの復興、レアアースなど希少金属資源の偏在もあり、部分的ながら、経済的優位に立ち始めている。

こうした状況は今後も続くのだろうか。「グローバルサウス」の中でも経済拡大が著しい中国やインドはいずれ政治的影響力拡大に向かうと見る向きも一部にある。だが、中印も他の多くの「グローバルサウス」諸国と同様、1人当たりGDPが1万ドルに近付いて経済成長が鈍化する、いわゆる「中所得国の罠」に嵌る可能性はないのか、というのが筆者の第2の仮説である。

社会

続いて、社会面での仮説だ。社会現象から「グローバルサウス」を見ると、別の側面が見えてくる。これら諸国の中には、今も貧困など経済格差や独裁者・特権階級による政治的腐敗・不安定が続く一方、社会的インフラや公共サービスの整備が大幅に遅れている国が少なくない。この種の開発途上国の社会は、国内情勢の不安や混乱だけでなく、大規模な伝染病・疫病や自然災害等にも極めて脆弱である。

典型例が新型コロナのパンデミックだ。当時は先進国の有効ではあるが数量の限られたワクチンが開発途上国に十分行き渡らない事態が頻発した。この「ワクチン格差」に対し、中露両国は、途上国向けに自国産ワクチンを供給する「ワクチン外交」をかなり効果的に展開した。コロナ禍を巡る混乱を見れば、先進国側は「グローバルサウス」各国の社会格差解消に十分貢献できないのではないか、というのが第3の仮説だ。

他方、この仮説は次の仮説の裏返しでもある。「グローバルサウス」といっても、各国の内政や統治機構、社会情勢はまちまちで、国内のルールや解決策も共通とは言えない。仮に、「グローバルサウス」諸国同士で一定の協力が可能だとしても、それだけで各国の社会的課題が容易に解消できるとは思えない、というのが筆者の第4の仮説である。

文化

最後に、文化面でも仮説がある。「グローバルサウス」諸国といっても、その文化的、宗教的背景は多様だ。中でも、一部の産油国を除く中東アフリカ諸国の多くではイスラム教が信仰されているが、アフリカにはキリスト教国も少なくないし、イスラム教、キリスト教と土着宗教が混在する国もある。また、インド太平洋地域では巨大なヒンドゥー文化圏、中華文化圏がイスラム文化圏と並存している。

更に、中南米諸国については、同じキリスト教でも、圧倒的にローマ・カトリックの影響力が強い。以上を総合すれば、「グローバルサウス」諸国の文化的、社会的基盤は、良く言えば「多様性に富む」だろうが、悪く言えば、全体として「共通基盤」を欠いているとも言えるだろう。少なくとも、G7、NATO、EUなどのような文化的・思想的一体性はおよそ存在しないのではないか。

となれば、近年これだけ注目されるようになった「グローバルサウス」も、世界的に見れば、未だに「一体性」を欠いた勢力に過ぎないのかもしれない。つまり、「グローバルサウス」には、旧宗主国や欧米主導の世界秩序に対する憤怒、嫌悪、違和感を持つこと以外に、普遍的な思想、信条、文化は存在しないのではないか。これが筆者の第5の仮説である。

「グローバルサウス」にも分断の影

もし以上の5つの仮説が正しいとなれば、「グローバルサウス」を過大評価することも、過小評価することも戒める筆者の真意は理解いただけるだろう。少なくとも「グローバルサウス」の出現により、世界が「従来の常識が覆る『ポーラーシフト』の時代」に入ったなどと結論付けるのは、「間違い」とまで言い切る自信はないが、少なくとも、時期尚早ではないか。

しかし、既に述べた通り、過去1世紀間だけ見ても、植民地、第三世界、開発途上国と呼ばれてきた国々が徐々にその発言力、影響力を拡大しつつあることは厳粛なる事実だ。それと同時に、「グローバルサウス」内部の盟主の座を獲得すべく、中国、ロシア、インド、ブラジル、南アフリカなどの地域大国が他の「グローバルサウス」諸国に対する影響力を巡って熾烈な主導権争いを始めていることも、現実である。

本書では、こうした「グローバルサウス」諸国の実態をより詳しく分析しながら、これら諸国を幾つかの類型・タイプに分け、その上でそれぞれの動きが現下の国際政治、経済、社会、文化の分野で如何なる重要性を持つのか、これまで従属変数だった「グローバルサウス」諸国が、今後どこまで国際社会の独立変数となり得るのか、「グローバルサウス」は内部の分断や非一体性を如何に克服すべきか、等について分析を試みる。

更に、もし「グローバルサウス」の影響力拡大が21世紀の不可逆的な趨勢だとすれば、それが日本という国家に如何なる影響を及ぼすのか、日本としてこうした動きにどう対応すべきなのか、についても論じてみたい。但し、本書で述べる筆者の見解はあくまで筆者個人のものであり、日本政府や他のいかなる団体を代表するわけではないことを予めお断りしておく。

目次

第二部　各国編「グローバルサウス」関係主要国の論点

図表作成・本文DTP／市川真樹子

グローバルサウスの地政学

第一部

総論「グローバルサウス」の虚像と実像

第一章

「グローバルサウス」を敢えて分類すれば

重要なことは、正しい答えを見つけることではない。正しい問いを探すことである。間違った問いに対する正しい答えほど、危険とはいえないまでも、役に立たないものはない。

（ピーター・ドラッカー、『現代の経営（下）』上田惇生訳、ダイヤモンド社、２００６年）

冒頭書いた通り、確かに「グローバルサウス」は多種多様な国々の総称に過ぎないかもしれない。だが、より詳しく見ていくと、それらの国々は幾つかのグループに分類可能ではないかと思うようになった。されば、ここでは、政治的、経済的、社会的、文化的観点から「グローバルサウス」を分類するという「難問」に挑戦してみよう。

なお、本書では「グローバルサウス」を分析する際、分析対象として、敢えて中国とロシアを加えている。ロシアはあらゆる意味で「グローバルサウス」の一員ではない。中国についても、最近は「グローバルサウス」の一員とは考えない研究が増えている。それでも、本書では敢えて中国とロシアを、欧米西側諸国に対抗すべく「グローバルサウス」諸国を取り込もうとする「主要関係国」として分析している。

政治的考察

「グローバルサウス」諸国に、程度の差はあるものの、概ね共通するのは「旧宗主国や欧米主導の世界秩序に対する憤怒、嫌悪、違和感」だと書いた。このことは、政治的に見れば、欧米型自由民主主義とは異なる政治体制、政治信条等を共有する国々が少なからず存在する、ということを意味する。

その典型例としては、中国、ロシア、ベトナム、北朝鮮など旧・現「共産主義」諸国が挙げられる。また、それ以外にも、「自由主義陣営」でも「共産主義陣営」でもないインドなど「非同盟」系の諸国、それ以外の軍事的、宗教的「独裁体制」を取る国々がある。当然ながら、それぞれの政治的立場は千差万別だ。

されば、これらの諸国が、常に一つの集合体として、共通の政治的意義や役割を持つ筈はない。他方、かくも多様な集合体ではあるものの、例えば、国際的な大事件が発生し、その問題の本質が欧米など「西側諸国」対「その他」という対立軸を伴う場合には、「グローバルサウス」の動きが何らかの政治的意味を持つことは十分あり得る。

経済的考察

経済的に見ても「グローバルサウス」諸国は必ずしも一様ではない。以前は、欧米諸国による植民地支配で特定の原料や食糧、農作物などに偏った生産を強いられ一次産品の生産・輸出に依存していた「モノカルチャー経済」が中心だったが、最近のグローバル化により、経済的飛躍に成功する国々も一部ながら生まれているからだ。

その典型例がいわゆるＢＲＩＣＳ諸国である。ＢＲＩＣＳは２００９年の最初の首脳会議に参加したブラジル、ロシア、インド、中国に加え、現在は南アフリカ、エジプト、エチオピア、イラン、アラブ首長国連邦（ＵＡＥ）も参加する９カ国（アルゼンチンは直前に加盟撤回、サウジアラビアは依然として加盟を検討中とされる）の連合体となって、ＢＲＩＣＳ＋などと呼ばれている。

しかし、これら諸国の経済体制は決して一様ではない。工業化の進んだ自由市場経済もあれば、統制色の強い国家重商主義経済、原油など特定の一次産品に深く依存する独裁制国家経済もあり、更に人口増加が著しく1人当たりのＧＤＰが低迷する開発途上国経済も少なくない。要するに、各国のシステムは様々であり、その経済的問題も多種多様と言わざるを得ないのだ。

社会的考察

「グローバルサウス」諸国は社会面から見ても、同質的とは言い難い。中には人口15億人を超える巨大国家もあれば、１０００万人にも満たない都市国家もある。人口が少なく資源のある国は欧米以上の富裕国であるが、経済成長率が人口増加率に追い付けない慢性的貧困国家も少なくない。

特に、アフリカなどの開発途上国の多くでは、今も独裁者・特権階級による政治的腐敗や政情不安が続いている。これらの国々では、為政者の恣意的な政策や統治能力不足による失政が顕著だ。多くの国では、社会的インフラや公共サービスが十分整備されないため、結果的に国内経済格差が解消されないという負の連鎖が繰り返されている。

これら最貧国は世界的規模の伝染病・疫病や自然災害等に対して脆弱である。特に、多くの「グローバルサウス」諸国は、最近のＣＯＶＩＤ－19により大打撃を受け、各国社会の健全な発展が阻害され、その後遺症は今も残っている。この種の国内社会問題については「グローバルサウス」諸国間の協力も限定的であり、効果を上げているとは言い難い。

その典型例が新型コロナ・ワクチン問題だ。当時は先進国の最先端の遺伝子技術を使った「極めて有効ではあるが数量の限られた」ワクチンが開発途上国に十分行き渡らない事態が頻発した。この「ワクチン格差」に対し、中露両国は、途上国向けに自国産を供給する「ワクチン外交」を展開したが、その効果は質量ともに限定的だった。

文化的考察

文化的に見ても「グローバルサウス」は多様である。中東アフリカの多くはイスラム教またはキリスト教という「一神教」の世界であるが、中にはこれら「一神教」と伝統的土着宗教が混在するケースも少なくない。一方、同じ「グローバルサウス」でも巨大な人口を抱えるインドや中国はヒンドゥー教、儒教・道教・仏教など「非一神教」の文化圏を形成している。

東南アジア諸国も、タイ、ミャンマーなどの仏教国、インドネシア、マレーシア、ブルネイなどイスラム圏、キリスト教国であるフィリピン、多宗教国家であるシンガポールなど様々である。しかも、同じアジアの仏教でも、インドから中国、日本に伝わった大乗系、スリランカ、ミャンマー、タイ、カンボジア、ラオスのような上座部系に加え、モンゴルのようなチベット系もある。

更に細かく見ていけば、キリスト教圏もカトリック系、プロテスタント系、東方正教系などに分かれており、例えば、中南米や南米大陸ではカトリックが、南アフリカなどではプロテスタントが、それぞれ主流である。以上のように、同じ「グローバルサウス」といっても、その宗教的、文化的背景はそれぞれ異なっており、文化的な一体性があるとは思えない。

それでも敢えて分類すれば

本書では一定の単純化をご容赦頂き、複雑かつ多様な「グローバルサウス」諸国を敢えて分類を試みる。具体的には、「自由・民主」か「統制・独裁」かを縦軸に、「キリスト教」か

「非キリスト教」かを横軸として、「グローバルサウス」諸国をざっくりと4つのカテゴリーに分類したのが表1である。但し、これは必ずしも厳密な分類ではないので、あくまで読者の大まかなイメージ作り・「頭の体操」用だと割り切って頂きたい。

なお、民主主義レベルについては英国エコノミスト・インテリジェンス・ユニット（ＥＩＵ）が毎年公表する世界民主主義指数（ＤＩ）を参照した。同指数は各国を完全民主主義、欠陥民主主義、混合政治体制、独裁政治体制の4つに分類しているが、本章では分かり易くするため民主と独裁に二分し、混合政治体制とされた国々は省いてある。また、「非キリスト教」には、便宜上、イスラム教、仏教、チベット仏教、ヒンドゥー教などキリスト教以外の宗教をすべて含めた。

①「自由・民主」と「非キリスト教」諸国

「グローバルサウス」の中で曲がりなりにも民主主義を実践する非キリスト教国の筆頭はインドだろう。モディ首相の「ヒンドゥー主義」には様々な批判もあるが、15億人のインド人が国際的基準に照らしてもかなり自由な秘密投票の選挙を実施し、その結果をインド社会が受け入れており、そのシステム自体を否定する有力な反対勢力もない点では、米国より遥か

●表１　「グローバルサウス」諸国の政治・宗教分類

＊□内は BRICS+ 諸国、網掛けは主要国、数字は世界民主主義指数を示す

	キリスト教国	非キリスト教国
自由・民主	パプアニューギニア(72)、フィリピン(53)、東ティモール(45)、南アフリカ(47)、ガーナ(65)、レソト(71)、ナミビア(57)、ウルグアイ(14)、コスタリカ(17)、アルゼンチン(54)、ブラジル(51)、チリ(25)、コロンビア(55)、ドミニカ共和国(61)、ガイアナ(67)、ジャマイカ(45)、パナマ(48)、スリナム(49)、トリニダード・トバゴ(43)	インド(41)、マレーシア(40)、インドネシア(56)、タイ(63)、モンゴル(59)、スリランカ(70)、シンガポール(69)
統制・独裁	モザンビーク(113)、エチオピア(116)、ルワンダ(117)、ジンバブエ(122)、トーゴ(126)、コンゴ共和国(131)、エスワティニ王国(132)、カメルーン(138)、ガボン(146)、ブルンジ(147)、エリトリア(152)、赤道ギニア(156)、コンゴ民主共和国(160)、中央アフリカ共和国(164)、ハイチ(129)、キューバ(135)、ベネズエラ(142)、ニカラグア(143)、ロシア(144)	アルジェリア(110)、カタール(111)、レバノン(112)、クウェート(114)、オマーン(119)、カザフスタン(120)、コモロ(122)、ヨルダン(122)、アラブ首長国連邦(125)、エジプト(127)、イラク(128)、ブルキナファソ(133)、ジブチ(134)、マリ(137)、バハレーン(139)、ギニアビサウ(140)、ニジェール(141)、ギニア(145)、中国(148)、サウジアラビア(150)、イラン(153)、イエメン(154)、リビア(157)、スーダン(158)、チャド(161)、シリア(163)、アフガニスタン(167)、キルギス(109)、パキスタン(118)、アゼルバイジャン(130)、ウズベキスタン(148)、タジキスタン(155)、トルクメニスタン(162)、ラオス(159)、カンボジア(121)、ベトナム(136)、北朝鮮(165)、ミャンマー(166)

に優れた民主主義かもしれない。なお、2023年の「世界民主主義指数」によれば、インドは41位の「欠陥民主主義」にランクされている。

続いてはマレーシアとインドネシアだ。いずれも東南アジアのイスラム教国であるが、中東のイスラム圏とは異なり、一定の民主制度が根付いている。特にインドネシアは人口も多く、「グローバルサウス」の中でも一定の影響力を有する国である。ちなみに、2023年のDIでマレーシアは40位、インドネシアは56位の「欠陥民主主義」にランクされている。

この他にも、仏教国のタイ、モンゴル、スリランカ、多民族・多宗教国家ではあるが基本的に中華文化が中心のシンガポールもこのカテゴリーに含まれる。2023年のDIではタイが63位、モンゴルが59位、スリランカが70位、シンガポールは69位であり、いずれも「欠陥民主主義」にランクされている。

興味深いのは、自由民主主義を曲がりなりにも実践している非キリスト教国は意外に少ないという事実だ。その理由は多様であり、国によって異なるので一概には言えないが、一般的には、外国による植民地支配を受けなかったり、キリスト教国の植民地となっても国民の多数がキリスト教に改宗しなかったりしたためではないかと思われる。

②「自由・民主」と「キリスト教」諸国

このカテゴリーは予想以上に数が多かった。インド太平洋地域だけでも、パプアニューギニア（DIは72位、以下同様）、フィリピン（53位）、東ティモール（45位）を挙げることができる。これに加えて、アフリカ大陸でも、南アフリカ（47位）を筆頭にガーナ（65位）、レソト（71位）、ナミビア（57位）が含まれている。

このカテゴリーで最大のグループは中南米諸国だ。DIで「完全民主主義」に分類されたウルグアイ（14位）とコスタリカ（17位）を筆頭に、アルゼンチン（54位）、ブラジル（51位）、チリ（25位）、コロンビア（55位）、ドミニカ共和国（61位）、ガイアナ（67位）、ジャマイカ（45位）、パナマ（48位）、スリナム（49位）、トリニダード・トバゴ（43位）が続いている。また、DIでは政府機能・人権面で「混合政治体制」とされたため、このカテゴリーには入らなかったメキシコ（90位）も、中南米の有力国の一つである。

同地域は伝統的に欧米諸国との関係が強く、反欧米感情はあっても、民主主義そのものは維持する国が少なくない。逆に言えば、非キリスト教国で独裁色の強い中国や東方正教会圏に属する独裁国家ロシアがこれら中南米の「グローバルサウス」諸国を「懐柔」しようとしても、そうした努力には自ずから限界がある、ということでもあろう。

③「統制・独裁」と「非キリスト教」諸国

　このカテゴリーの筆頭は何と言っても中国である。ＤＩ指標は１４８位であるが、中国は「開発途上国」「グローバルサウス」の一員ではないとする見方もある。今や中国は、米国との競争において「グローバルサウス」諸国に対する「取り込み」努力を組織的かつ精力的に続ける「大国」である。その意味では中国をこのカテゴリーに分類すべきではないだろう。

　中国を除けば、このカテゴリーの特徴は、多くが中東・アフリカのイスラム諸国であること、特に、中東・北アフリカのアラブ諸国が全てここに含まれることだろう。２０２３年ＤＩは調査対象国全１６７カ国のうち、59カ国を「独裁政治体制」に分類しているが、その「独裁政治体制」諸国の中では中東・アフリカ諸国の数が最も多い。

　具体的には、アルジェリア（１１０位）、カタール（１１１位）、レバノン（１１２位）、クウェート（１１４位）、オマーン（１１９位）、カザフスタン（１２０位）、コモロ（１２２位）、ヨルダン（１２２位）、アラブ首長国連邦（１２５位）、エジプト（１２７位）、イラク（１２８位）、ブルキナファソ（6割イスラム教、１３３位）、ジブチ（１３４位）、マリ（１３７位）、バハレーン（１３９位）、ギニアビサウ（5割がイスラム教、１４０位）、ニジェール（１４１位）、ギニア（145位）、サウジアラビア（150位）、イラン（153位）、イエメン（154位）、リビア（157位）、スーダン（158位）、チャド（イスラム教が6割弱、161位）、シリア（163位）、アフガニスタン（167位、最下位）である。

次に多いのは中央アジア・南インド地域だ。特に、中央アジアのソ連崩壊後独立した新興国が多く、具体的にはキルギス（109位）、パキスタン（118位）、アゼルバイジャン（130位）、ウズベキスタン（148位）、タジキスタン（155位）、トルクメニスタン（162位）が含まれる。更に、インド太平洋地域では、ラオス（159位）、カンボジア（121位）、ベトナム（136位）、北朝鮮（165位）、ミャンマー（166位）が含まれる。

④「統制・独裁」と「キリスト教」諸国

このカテゴリーの第1の特徴は圧倒的にアフリカ諸国が多いことだ。これらは旧植民地でキリスト教化したものの、土着宗教が残っていたり、土着宗教・キリスト教の混合宗教があったり、イスラム教徒が一定数いるケースも少なくない。そのためか、このカテゴリーの国々は、一般に国内政治が安定せず、政治指導者の統治も強権化・独裁化する傾向が強いようである。

具体的には、モザンビーク（但し、キリスト教は6割程度、113位）、エチオピア（コプト系キリスト教が6割強、116位）、ルワンダ（117位）、ジンバブエ（混合が5割、キリスト教が4分の1、122位）、トーゴ（半分弱、126位）、コンゴ共和国（5割、131位）、エスワティニ王国（132位）、カメルーン（但し、キリスト教4割、3割はイスラム教、138位）、ガボン（7割強、146位）、ブルンジ（147位）、エリトリア（但し、コプト系キリスト教が6割、152位）、赤道ギニア（156位）、コンゴ民主共和国（160位）、中央アフリカ共和国（土着宗教、プロテスタント、ローマ・カトリックがそれぞれ25％、イスラム教15％、164位）となっている。

このカテゴリーの第2の特徴は、中南米諸国が少なくないことである。具体的には、ハイチ（129位）、キューバ（135位）、ベネズエラ（142位）、ニカラグア（143位）が含まれている。ちなみに、「グローバルサウス」の主要関係国であるロシアの2023年DIは144位の「独裁政治」であるため、本書では便宜的にロシアをこのカテゴリーに分類している。

第一章のまとめ

表1だけを見ても、①「自由・民主」と「非キリスト教」諸国、②「自由・民主」と「キリスト教」諸国、③「統制・独裁」と「非キリスト教」諸国、④「統制・独裁」と「キリスト教」諸国という4つのカテゴリーを代表するのが、それぞれ、①インド、②ブラジル、③中国、④ロシアであることが窺える。

更に付け加えれば、

①「自由・民主」と「非キリスト教」諸国の中では、インドに続いてインドネシアが有力となる可能性があること、

②「自由・民主」と「キリスト教」諸国については、ブラジル以外では南アフリカやアルゼンチンも無視できないこと、

③「統制・独裁」と「非キリスト教」諸国の中では、中国に加えて、政治・軍事的にはエジプトとイランの、更に、資源・経済力の面ではサウジアラビア、アラブ首長国連邦、カタールといった湾岸アラブ産油国の影響力・発言力がそれぞれ拡大しつつあること、最後に、

④「統制・独裁」と「キリスト教」諸国については、ＢＲＩＣＳに参加しているエチオピアを含め、多くの国々は経済的に脆弱であり、「グローバルサウス」に対する中露の影響力

争いの「草刈り場」となる可能性もあること、などが指摘できるだろう。

続いて第二章では、最近の国際的事件を例に、「グローバルサウス」の政治的側面をより詳しく分析していく。

第二章
政治的側面

ロシアがＢＲＩＣＳの議長国としての責任を果たし、「グローバルサウス」を団結させ、「新冷戦」を阻止し、違法な一方的制裁と覇権主義に反対することを、中国は支持している。

（習近平国家主席、２０２４年７月３日、中露首脳会談での発言、於カザフスタン）

２０２４年７月３日夜、第24回上海協力機構首脳会議に出席するためカザフスタンを訪問中のプーチン露大統領は中国の習近平国家主席と会談した。この中露首脳会談では習主席が冒頭の発言を行ったのに対し、プーチン大統領は、露中関係が「史上最高の状態」にあり「平等や互恵および互いの主権尊重の上に築かれている」と述べた旨報じられた。

以上のやり取りからも明らかな通り、近年「グローバルサウス」を巡り、ロシアと中国は急速に連携を深めている。しかも、こうした動きが特に顕著になったのは、2022年2月24日にロシア正規軍によるウクライナ侵略が始まってからのことだ。ロシアと中国は如何にして「グローバルサウス」諸国の取り込みを図ったのだろうか。まずは時計の針を2023年2月24日まで戻し、ウクライナ戦争をめぐるこれまでの経緯を振り返ってみよう。

ウクライナ戦争と「グローバルサウス」

プーチン大統領は明らかに米国・NATO諸国と国際世論を見誤り、致命的ともいえる戦略的判断ミスを犯した。当時は、日本だけでなく、欧州でも「ロシアの侵攻はない」と見る専門家が多かった。これら「侵攻懐疑論」者の判断は結果的に間違っていたのだが、彼らの最大の失敗は、プーチン大統領も人間であり、戦略的「誤算」を犯すことを予測できなかったことである。

プーチン大統領の戦略的「誤算」「判断ミス」は大きく分けて3つある。

誤算①　歴史に関する誤った認識

そもそも、プーチン大統領が理解するウクライナは、ソ連時代に共産党・KGBが見たウクライナに過ぎず、2014年のクリミア併合以降に生まれたウクライナではなかった。プーチンの頭にあるのは、次のような認識である。勿論、大多数のウクライナ人はこうしたプーチンの見方に同意していないのだが。

- 現代のウクライナは、ボリシェビキ、共産主義ロシアによって作られた。レーニンとその仲間は歴史的にロシアの土地であったウクライナを分離・切断した。
- ウクライナの急進派や民族主義者は今や独立を果したと自負しているが、それは絶対に間違っている。
- ウクライナ社会は極右ナショナリズムの台頭に直面し、それが攻撃的なロシア恐怖症やネオナチズムに急速に発展していった。
- キーウ当局は、イスラム過激派組織を含む過激派細胞の活性化、重要インフラ施設でのテロ攻撃を行う破壊活動家の派遣、ロシア人の誘拐などを繰り返してきた。
- このような攻撃的行動は、西側諜報機関の支援を受けて行われており、ウクライナ軍はN

ＡＴＯ（北大西洋条約機構）への加盟を待っている。

誤算②　ウクライナ軍・義勇兵戦力の過小評価

侵攻開始前、欧米の専門家や情報機関は、誰もがロシア軍は圧倒的に強いと予測していたが、実際にロシア軍が立てた侵攻計画はプーチン大統領が望んだ「電撃作戦」とは程遠かった。ロシアは、自慢の機械化・空挺部隊による攻撃でもキーウの包囲・孤立化に失敗した。ウクライナ側の抵抗は予想以上に強く、ウクライナ北東部のロシア軍は、計画の不備と場当たり的指揮により、士気と補給に大きな問題が生じていた。やはり、プーチンは所詮ＫＧＢの中堅将校に過ぎず、大部隊による軍事作戦に関する知見は乏しかったのだろう。

誤算③　ＮＡＴＯ諸国の結束の強さ

プーチン氏の第３の誤算は、予想以上に早く、かつ強固に、ＮＡＴＯ諸国が団結したことだ。その理由は、ロシアに宥和的だったかもしれないトランプ氏は既に米大統領職を退いており、逆に、伝統的国際主義者のバイデン大統領の下で、日本を含む西側諸国が結束し、更には、国際社会の多くもロシアの国際法違反の侵略行為を非難するに至ったからだ。

こうしたロシアの誤算を象徴するのが、ウクライナ戦争勃発直後から国連総会で繰り広げられた米国とロシアの多数派工作である。ロシアは拒否権を持つため、国連安全保障理事会でのロシア非難決議採択は阻止できる。しかし、国連総会でのロシア非難決議が採択されれば、法的拘束力はないものの、国際政治上のダメージは計り知れない。

ウクライナ問題の本質

ウクライナ戦争に対する「グローバルサウス」の立場を正確に理解するために、ここで簡単にウクライナ問題のおさらいをしておこう。つい数年前まで、ウクライナという民族国家は存在しなかった。ウクライナが強い独立意識を持つ民族国家になったのは、２０１４年のロシアによるクリミア侵攻以降のことだ。この点は後述するパレスチナ問題との対比で、極めて重要な要素だと考える。

肥沃な農地が広がる世界有数の穀物輸出国でありながら、欧州第2の貧しい国であり、高い貧困率と深刻な汚職・腐敗問題を抱えるウクライナは、ロシア侵攻前から基本的に不安定な国家だった。兵員数では欧州第3の軍事力を保有し、国連、欧州評議会、欧州安全保障協力機構などに加盟しながらも、ウクライナはＮＡＴＯにも、独立国家共同体にも加わらなかった。歴史的、宗教的に、多くのウクライナ人は「ロシアとの一体性」をある程度信じていたからであろう。

ウクライナの地政学的位置は最悪だ。南は黒海に面し一定の「海への出口」があるが、それ以外は、東にロシア、北はベラルーシ、西はポーランド、スロバキア、ハンガリー、西南はモルドバ、ルーマニアなどと陸上国境で直接接しているからだ。そのウクライナは18世紀までにロシア帝国に併合されてしまう。ロシア革命後にウクライナで大規模な民族自決運動が起きたのも当然であろう。

1917年にはウクライナ人民共和国の樹立も宣言されたが、その後ロシア内戦などを経て、ウクライナは再び、ロシアの、いやソビエト連邦の一部となる。ロシアにとってウクライナは植民地でも保護国でもなかった。ロシアから見れば、クリミア半島は元々ロシア領なのであり、たまたまソ連時代にフルシチョフが対ウクライナ懐柔策としてウクライナ共和国に編入したに過ぎない、ということになる。

1991年のソ連崩壊後、ウクライナは独立し、中立国を宣言し、ロシアを含むCIS（独立国家共同体）諸国と限定的な軍事提携を、NATOとはパートナーシップをそれぞれ結ぶ一方、96年には保有していた核兵器を放棄するなど、バランス外交に努めた。しかし、2

014年に起きた反露的ユーロマイダン革命を受け、ロシアはクリミアなどに国籍マークのない部隊で軍事侵攻し、22年には正規軍による本格的侵攻が始まった。
それまで国論が二分され、軍隊は弱体で、内政は汚職まみれだったウクライナが2014年に目覚めた。反露感情が新たなウクライナ民族意識を醸成した。22年2月にロシアが軍事侵略を始めた時、ちょうどウクライナは新しい民族国家に脱皮しつつあったのだ。このようにウクライナ問題とは、欧米による「植民地支配」の問題ではなく、基本的にはロシア・ウクライナ「兄弟国」同士の歴史的愛憎劇の一局面なのである。

以上を踏まえ、ここからは2022年3月からの国連における米露のせめぎ合い、特に、国連総会決議案への賛否を巡る米国とロシア間の水面下での多数派工作について見ていこう。ちなみに、国連総会での表決については、国連憲章第18条第2項が「重要問題に関する決定は出席しかつ投票する構成国の三分の二の多数によって行われる」と定めている。

国連総会での多数派工作

国連はウクライナ戦争に関し、これまで6本の総会決議を採択している。これら国連での決議投票行動、特に賛成票数、反対票数、棄権票数は、ロシアの「グローバルサウス」諸国に対する政治的働き掛けの効果と限界を暗示するものとして非常に興味深い。ここからは若干長くなるが、国連総会での諸決議の内容や投票結果などの詳細を、時系列順に振り返ってみたい。

第1決議　国連総会決議　ウクライナに対する侵略

ES－11／1　2022年3月2日　第11回緊急特別総会　賛成：141　反対：5　棄権：35

本決議は、

①ウクライナでのロシアの「特別軍事作戦」の宣言を非難（Condemning）し

②核戦力の即応態勢を高めるロシアの決定を非難（Condemning）し

③国連憲章違反のロシアの侵略に最も強い言葉で遺憾の意を示し（Deplores in the strongest terms）

④ロシアに対し武力行使の即時停止、即時・完全・無条件での撤退などを求めている。

これより前に、米国等は国連安全保障理事会でロシア非難決議案を提出していたが、その際はアラブ首長国連邦、サウジアラビア、ブラジルといった国々が棄権票を投じていた。その後、総会ではこれら3国を含む「グローバルサウス」諸国の多くが賛成に回り、結果的には［賛成：141　反対：5　棄権：35］という圧倒的多数で決議は採択された。

第2決議　国連総会決議　ウクライナに対する侵略がもたらした人道的結果

ES－11／2　2022年3月24日　第11回緊急特別総会　賛成：140　反対：5　棄権：38

上記決議採択から3週間後に2本目の総会決議が採択された。その内容は、

- 人口密集都市に対する包囲・砲撃・空爆、ジャーナリストを含む民間人に対する攻撃や、学校その他の教育施設、水・衛生システム、医療施設等を含む民間施設に対する攻撃、地方公務員の誘拐、外交施設や文化施設に対する攻撃を含むロシアによるウクライナへの敵対行為がもたらす悲惨な人道上の結果について、遺憾の意を示す
- 2022年3月2日の総会決議の完全な実施の必要性を改めて表明する
- ロシアによるウクライナへの敵対行為、特に民間人などへの攻撃の即時停止を要求する

というものだったが、本決議も前回の総会決議とほぼ同様、［賛成：140　反対：5　棄

権：38」という圧倒的多数で採択された。

なお、この際、南アフリカはロシアへの名指しを避けた、より穏健な内容の「ウクライナにおける紛争から派生した人道上の状況」決議案を提出したが、賛成票が50票しか集まらず、最終的には表決にすら付されなかった経緯がある。ロシア正規軍の侵攻開始から1カ月の時点で「グローバルサウス」の有力国である南アフリカがロシアに宥和的態度を示し始めたことは注目に値する。

第3決議　国連総会決議　人権理事会におけるロシア連邦の理事国資格停止

ES-11／3　2022年4月7日　第11回緊急特別総会　賛成：93　反対：24　棄権：58

2週間後、国連総会は新たにロシアの人権理事会理事国資格について次の内容の決議を採択した。

•ウクライナでのロシアによる人権・人道上の危機につき深刻な懸念を表明し

•人権理事会におけるロシアの資格を停止することを決定する

これにより、ロシアは同理事会理事国の資格を失った。だが、それ以上に本総会決議で注目すべきは、前回の総会決議に比べ、反対が19カ国、棄権が20カ国増えていることだ。この理由としては、ロシアの「グローバルサウス」に対する働き掛けが功を奏したというよりも、決議の内容が「世界経済にとり必ずしも適切ではない（インドなど）」ことなどが大きかったと思われる。

第4決議　国連総会決議　ウクライナの領土保全：国際連合憲章の原則の順守

ES‐11／4　2022年10月12日　第11回緊急特別総会　賛成：143　反対：5　棄権：35

その後、9月29日にロシアがウクライナのドネツク、ヘルソン、ルハンスク、ザポリッジャを併合する旨決定したことを受けて採択された国連決議は、

- ウクライナ領内でロシアが違法な「住民投票」を行い、ドネツク、ヘルソン、ルハンスク、ザポリッジャを違法に併合しようと試みていることを非難（Condemns）し
- ロシアの違法行為は、国際法上の妥当性がなく、それら地域の地位の変更に関するいかなる根拠にもならない、と宣言している。

本決議は、前回の4月の第3決議とは異なり、賛成票が第1決議の141票を更に上回る143票あったこと、反対票と棄権票が第1決議と同数だったことなどから、ロシアに対す

る国際社会、特に「グローバルサウス」諸国の批判がまだ根強かったことを示している。なお、ロシアは秘密投票による採決を要求したが、この動議は［賛成：107　反対：13　棄権：39］で却下された。

第5決議　国連総会決議　ウクライナに対する侵略への救済と補償の推進

ES‐11／5　2022年11月14日　第11回緊急特別総会　賛成：94　反対：14　棄権：73

その1カ月後に採択された新たな総会決議は、ロシアのウクライナ侵略による人命の損失、民間人の移送、インフラ及び天然資源の破壊、公有・私有財産の損失及び甚大な経済的損失に焦点を当て、

- ロシアは、ウクライナでのあらゆる国際法違反の責任を負い、違法行為によって生じた損害を含む被害に対する賠償をも含めて、違法行為に係る法的結果を負担すべし、
- ロシアの違法行為に起因する全ての損害、損失及び被害に関する証拠として、文書形式で国際的な損害記録簿を、加盟国がウクライナと協力して作成する、ことを勧告している。

興味深いことは、本決議の投票結果は第3決議［賛成：93　反対：24　棄権：58］に似ており、賛成票は94票に止まっていることだ。その理由については、「決議の文言が不明確かつ

不正確であるため（アラブ首長国連邦など）」などとされたが、この結果も、第3決議と同様、ロシアの「グローバルサウス」に対する働き掛けが功を奏したわけでは必ずしもないようだ。

第6決議　国連総会決議
ウクライナにおける包括的、公正かつ恒久的な平和の基礎となる国際連合憲章の原則

ES－11／6　2023年2月23日　第11回緊急特別総会　賛成：141　反対：7　棄権：32

その後、ロシア正規軍によるウクライナ侵攻から1周年の前日、国連総会が新たに採択した決議は、

- ロシアに対して、即時・完全・無条件での撤退を改めて要求し、停戦を求め、
- ジュネーブ条約等に従い紛争当事者が捕虜を待遇することを要求し、
- 捕虜の交換、不法に拘禁されている者の解放、児童を含む全ての抑留者及び強制的に移送又は追放された民間人の帰還を求め、
- ウクライナにおける重要インフラに対する攻撃及び住居・学校・病院を含む民間施設への意図的な攻撃の即時停止、を求めている。

ロシアのウクライナ侵攻から1年経った節目の時期に採択された本決議の賛成票141は1年前の第1決議と同じだった。このことは「グローバルサウス」諸国のロシアに対する厳しい姿勢が変わっていないことを示している。ところが、それから1年後の2024年2月になると、ウクライナ戦争とロシアを取り巻く状況は、文字通り、様変わりしていく。

ウクライナ戦争開始から2年後の国連総会

当時の報道の見出しは衝撃的である。内外メディアは「ウクライナ侵攻2年、熱気欠く国連総会　決議なし、支援継続の難しさ露呈」（時事通信2024年2月25日）などの見出しで、ロシアのウクライナ侵攻開始2年に合わせ開かれた国連総会で、ロシアのウクライナ侵攻を非難する声が盛り上がらなかったことを一様に伝えたからだ。例えば、こんな具合である。

- 日米欧が相次いで登壇し侵攻を糾弾したが、対ロシア非難決議案の提出は見送られた。
- 議場は空席が目立ち熱気に欠け、ウクライナ支援継続の難しさを浮き彫りにした。
- （1年前は）ロシアを孤立させたが、当時既に「ウクライナ疲れ」が指摘されていた。
- 賛成票を減らしかねないとの判断から、今年は決議が見送られたとみられる。
- 日米欧とウクライナは総会決議に代わり「共同非難声明」を発表したが、参加国数は50カ国超と、全193加盟国の4分の1にとどまった。

国際社会の「ロシア非難」がかくも盛り上がりを見せなかった理由として、主要メディアは「イスラエル・ハマース戦争」の長期化を挙げている。実際に、ガザでの戦闘が始まるとウクライナ戦争をめぐる状況は一変し、各国の関心はパレスチナ自治区ガザに移った。国際社会では、繰り返し拒否権を使ってイスラエルを擁護する米国の求心力が陰りを見せている、とも報じられた。

後述する通り、確かにガザの状況が「グローバルサウス」諸国の対米観、対ロシア観を変えつつあることは事実だろう。だが、それだけでは「グローバルサウス」諸国の対ロシア批判が大幅に減ったことを説明はできない。筆者は、ロシアがウクライナ戦争に関する「グローバルサウス」向けの説明振りを変えたことも大きかったと見る。その理由は次の通りだ。

ロシアの巻き返し

ウクライナ侵攻直後のロシアの当初の対外説明は「極右ナショナリズムの台頭に直面したウクライナでは、対ロシア恐怖症やネオナチズムが台頭した。ロシアはこうしたウクライナを『非ナチ化』し、『非軍事化』するために今回の特別軍事作戦を行っている」というものだった。しかし、こうした欧州向けの説明では国際社会の理解は得られなかった。

ところがその後、ロシアが欧米の制裁を回避し自国の国際的孤立を避けるため、「グローバルサウス」諸国へのアプローチを変更したこともあり、2024年に入るとロシア外交は国連等の場で顕著な成功を収め始める。この点については、元ジョージア外交官のロシア専門家が次のような興味深い分析を行っているので、概要をご紹介しよう。（「Russia is using the Soviet Playbook in the Global South to challenge the west—and it is working」Natalie Sabanadze）

- ロシアは、ソ連による脱植民地化支援の記憶や非同盟の伝統といった遺産を効果的に活用し、西側諸国に対する根強い憤りを前面に押し出している。
- ウクライナ戦争が始まって2年、ロシアはその戦争目的をグローバル化し、ウクライナの「脱ナチ化」と「脱軍事化」から、世界秩序の「脱西洋化」へと焦点を移している。
- モスクワの目的は、ウクライナとより広範な勢力圏に対する完全支配を確立するだけでなく、世界秩序を幾つかの勢力圏に分断し、米国の覇権を抑制することである。
- モスクワは、ウクライナ戦争について、植民地主義と力の不均衡に対する長年の不満を利用し、「グローバルサウス」を地政学的競争の道具としつつある。
- ソ連時代と同様、ロシアは「反帝国主義」、ソ連の脱植民地化支援の記憶、非同盟の伝統といった遺産を効果的に活用し、西側に対する根深い憤りを前面に押し出している。

実際、ロシアの対「グローバルサウス」工作は極めて周到だった。２０２３年、ロシアはロシア・アフリカ首脳会議やラテンアメリカ諸国との議会会議を主催し、24年には「西側の新植民地主義」に反対する「グローバルサウス」諸国を集め「諸国民の自由のためのフォーラム」や「ロシアとイスラム世界」フォーラムをそれぞれ主催するなど、「グローバルサウス」諸国に対する働き掛けを着々と進めている。

ウクライナ戦争と中国

こうしたロシアのなりふり構わない宣伝工作に比べれば、ウクライナ戦争に関する中国の立場は微妙である。ウクライナ戦争勃発直前の２０２２年2月、中国はプーチン大統領を北京冬季オリンピック開会式に招待した。同大統領と会談した習近平国家主席は「ロシアと中国の友情に限界はない」とする共同声明を発表するなど、中露の蜜月関係を精一杯演出しようとした。

ところが、その直後、ロシアがウクライナ侵攻を開始し、その予想外の長期化で国際的批判を浴びるようになると、中国は一転して、対露姿勢の軌道修正を始める。具体的には、中国はロシアの「侵略」を非難せず、対露制裁にも参加しないが、同時に、ロシアの軍事行動を支持せず、軍事的支援も行わないという、限りなくロシアに近い形の「中立的」立場を取り始め、現在もこれを維持している。

中国がこうした微妙な立場をとる最大の理由は対米関係への配慮だ。米国は一貫して中国に対露支援を行わないよう求めている。これに対し中国は、実際にはロシア産原油などを大量購入するなど大規模な対露支援を継続するものの、米国との関係を重視するためか、公式には対露支援を一切認めていない。

こうして中露間の力関係は中国優位に変化しつつあるが、中国はウクライナにおけるロシアの敗北も勝利も望んでいないはずだ。ロシアが敗北すれば、西側の次の標的は必ず中国になる。逆に、ロシアが勝利すれば、米国は中国の対露支援を一層強く非難するだろう。どちらに転んでも中国の利益は最大化できない。これが中国の対ウクライナ政策の最大のジレンマなのである。

本章冒頭でご紹介した通り、中国も、ロシアと同様、「グローバルサウス」諸国への働きかけを強めている。中国にとってウクライナ戦争は、西側諸国との地球規模の覇権争いを有利に進めるための絶好の機会であると同時に、「グローバルサウス」諸国との連携強化に向けて利用できる有効な手段の一つとなりつつあるのかもしれない。

ガザ戦争があぶり出した構図

２０２３年10月7日のハマースによる対イスラエル奇襲攻撃で民間人を中心に１０００人以上のイスラエル人などが死亡、２００人以上が人質となった蛮行は世界を震撼させた。その後、イスラエルはハマースに対し大規模な軍事作戦を開始し、パレスチナ人非戦闘員にも多数の死傷者が出始める。この戦闘が「グローバルサウス」諸国のウクライナ戦争に関する立場を大きく変えたことは間違いない。では、ウクライナとガザは何処が同じで何処が違うのか。この問いに答えるため、今度はパレスチナ問題の歴史的経緯をおさらいしよう。

パレスチナ問題は、ユダヤ人のホームランドとアラブ王国の建国を約束しつつ、中東レバント地域を事実上フランスと分割した、20世紀初頭イギリスのとんでもない「三枚舌外交」が生んだ悲劇である。１９６０年代からパレスチナ解放機構（ＰＬＯ）は反イスラエル闘争を続けたが、80年代後半からは現実主義路線に転じた。93年にはオスロ合意を始めとする中東和平交渉により、パレスチナ暫定自治区に自治政府が設立される。

しかし、主権が認められていないパレスチナ自治区の経済的自立が難しい中、度重なる反イスラエル抵抗運動により、特にガザ地区の経済情勢が悪化し、自治政府は内部分裂したため、現在もパレスチナ国家樹立には至っていない。腐敗の噂が絶えないPLO指導部はガザ地区ハマースの分離独立を防げなかった。アラブ諸国の多くは匙を投げ、最近ではパレスチナ問題よりも、イスラエルとの関係正常化を優先するようになった。

前述の通り、パレスチナの悲劇の始まりはイギリスの三枚舌外交だ。英委任統治下（という名の事実上の植民地）のパレスチナには世界各地からユダヤ人が入植して事実上の実効支配が始まった。彼らは独立国家樹立を念頭に各種武器も準備していた。イスラエル独立後は4回の戦争を経て、1970年代末から中東和平プロセスが始まり、キャンプデービッド、オスロ両合意により自治政府が成立するなど一定の成果も見られた。

しかし、2000年以降、パレスチナ側の分裂もあって和平プロセスが頓挫してからは、イスラエル強硬保守派が急速に台頭していく。米国が追求していたパレスチナ独立国家を認める「二国家論」は事実上棚上げとなり、つい最近まで、パレスチナに対する国際的関心は薄れていた。その意味でハマースによる対イスラエル奇襲作戦は、パレスチナ問題の本質的問題を改めて提起する起爆剤になったともいえるだろう。

以上のように、パレスチナ問題は、ウクライナとは異なり、「イスラエル」「パレスチナ」の兄弟関係がこじれた結果などではなく、基本的には、英仏などの植民地政策が作り出した現在も未解決の問題である。されば、多くの「グローバルサウス」諸国は、パレスチナ人の悲惨な状況と自らの過去を重ね合わせているはずだ。筆者がガザ紛争はウクライナ戦争とは「次元の異なる問題」と考える理由はここにある。

以上を前提に、ここからは、ガザ紛争について国連が如何に対応したか、または、しなかったか、できなかったかを時系列順に検証することで、最近の「グローバルサウス」をめぐる国際政治の動きを考えたい。特に、ウクライナ戦争では国連総会決議が多用されたのに対し、ガザ紛争では、1件を除き、総会決議が殆ど採択されなかった点に留意しながら、以下を読んで頂きたい。なお、【　】内は筆者の注釈的コメントである。

２０２３年

10月7日　国連安全保障理事会が緊急非公開会合を開き対応を協議したが、非難声明や決議案など具体的対応策については議論されなかった。

【ガザ問題はイスラエルの生存権に関わる問題であり、これまで米国は拒否権を行使してでもイスラエルを擁護してきた。２０２３年10月7日直後の段階では、ハマースの蛮行の記憶があまりに鮮明なためか、安保理として具体的な行動には至らなかったのだろう。】

10月11日　国際刑事裁判所が、パレスチナで行われた戦争犯罪の疑いを調査する２０１４年時点のマンデートは現在の紛争にも及ぶと発表。

【早くもこの時点で国際刑事裁判所が「戦争犯罪」に言及していたことは注目に値する。この流れは24年5月の同裁判所によるイスラエル、ハマース要人に対する逮捕状請求、として結実することになる。】

10月13日　国連安保理の緊急会合が開かれたが、ロシアは、ハマースを非難せずに即時停戦のみを求める決議案を各国に提案。同会合後、ブラジルはハマース非難の決議案を各国に提示。

【当時、米露間の主たる対立点はハマースをどこまで非難するか、イスラエルの自衛権に言及するか否かであった。その意味でブラジルがハマースを非難する決議案を提出したことは極めて興味深い。】

10月16日　国連安保理はロシア提出の決議案を否決。中国など5カ国が賛成、日米英仏が反対、残り6カ国が棄権した。
10月18日　国連安保理はブラジル提出の即時停戦案に対し、日本を含む12カ国が賛成したものの、米国は「イスラエルの自衛権への言及がない」として拒否権を発動したため、決議案は否決された。
10月24日　国連安保理が閣僚級公開会合を開いて対応を協議。イスラエルとパレスチナ双方からは「外相」が出席し、相互に激しく非難した。
10月25日　国連安保理が、「戦闘の一時的な停止」などを求める米国提出の決議案を採決、10カ国が賛成したものの、ロシアと中国が拒否権を行使したため否決された。
【この時点では、合意の対象を、戦闘を完全に停止する（ハマースにとって利益の多い）「停戦」か、人道支援物資搬入と人質交換のため戦闘は中断するものの、その後、戦闘が再開される（イスラエルに有利な）「一時的戦闘休止」とするかが焦点だった。】
10月26日　国連総会の緊急特別会合が開かれ、ヨルダンが、即時停戦、一般市民保護、人道支援物資搬入などを求める一方でハマースを非難しない決議案を提出。パレスチナ情勢で国連総会緊急特別会合が開かれるのは2018年以来、約5年ぶりのこと。
10月27日　国連総会が「即時かつ持続的な人道的休戦」を求める決議を採択。賛成：121　反対：14（米国、イスラエルを含む）棄権：44（日本、インドを含む）
【この国連総会決議には賛成票が121もあったことから、「グローバルサウス」諸国のかなり多くが支持したものと思われる。本決議採択にはアラブ・イスラム諸国が大きな役割を果たしたようだが、「グローバルサウス」の有力国であるインドが採決で棄権したことは興味深い。】
10月30日　国連安保理が10月27日の国連総会決議採択を受けて討論するも、結論はなし。
11月15日　国連安保理、ガザ地区の人道的戦闘休止と人道回廊設置を求める決議を採択（ロシア、イギリス、米国が棄権）
11月23日　イスラエルとハマースが人質50人の解放と引き換えに4日間の停戦に合意。
11月27日　ハマースが人質11人を解放、イスラエルもパレスチナ人33人を釈放。
12月12日　国連総会緊急特別会合、ハマースとイスラエルの「人道的な即時停戦」を求める決議を採択。賛成：153（日本を含む）反対：10（米国、イスラエル、オーストリア、チェコ、グアテマラ、リベリア、ミクロネシア、ナウル、パプアニューギニア、パラグアイ）棄権：23（英、独、伊、蘭、ウクライナ、ウルグアイ等）

【本決議は10月27日の総会決議の場合より更に賛成票が32票増えているが、当時はパレスチナ人の死亡数が2万人を超えたこともあり、更に多くの「グローバルサウス」諸国が支持に回った模様である。】

12月29日　南アフリカが国際司法裁判所に対し、イスラエルをジェノサイド条約違反の疑いで提訴するとともに、判決まで長期間を要することを理由に、ガザでの戦闘停止を求める仮保全措置（暫定措置）を併せて申請した。

【ここで興味深いことは、南アフリカが再び動いていることだ。ウクライナ戦争の際も南アフリカは、ロシアへの名指しを避ける、より穏健な内容の「ウクライナにおける紛争から派生した人道上の状況」決議案を提出しているが、詳しくは後述する。】

２０２４年

1月12日　ドイツは「（南アフリカによる）ジェノサイドの告発を断固として拒否する」との声明を発し、イスラエルの側で本案審議に参加する意向を表明。

1月23日　ニカラグアは「イスラエルはジェノサイド条約義務違反」として南アフリカの側で本件審議に参加すると宣言。

【その後も、4月5日にコロンビアが、5月10日にリビアが、また、その後バングラデシュとヨルダンも、南アフリカの側での審議参加を表明した。「グローバルサウス」の一部で、この問題に国際法論争を仕掛ける動きがあることは間違いなかろう。】

1月26日、国際司法裁判所は南アフリカの主張を“plausible”と判断、イスラエルに対しジェノサイドを防ぐために全ての措置を取るよう仮保全措置（暫定措置）を命令。

2月9日　イスラエルのネタニヤフ首相がラファ侵攻を発表。

2月13日　南アフリカは再度、戦闘停止を求め、追加の仮保全措置を申請。

2月17日　国際司法裁判所は「追加の暫定措置は不要」として、南アフリカの請求を棄却。

4月1日、イスラエル、ダマスカスにあるイラン大使館を攻撃。

4月13日　イラン、イスラエルに対し報復攻撃。
4月18日　国連安保理、パレスチナ国連加盟勧告決議案を否決。（米が拒否権）
アラブ首長国連邦、安保理に対し、パレスチナ国連加盟を再び検討するよう求める決議案を提出。
4月19日　イスラエル、イランを攻撃。
5月10日　国連総会が、パレスチナ国連加盟を支持する決議を採決。賛成：143（オーストラリア、ブラジル、中国、フランス、インド、インドネシア、日本、メキシコ、韓国、ロシア、サウジアラビア、南アフリカ、トルコなど）反対：9（アルゼンチン、チェコ、ハンガリー、イスラエル、ミクロネシア連邦、米国、パプアニューギニア、ナウル、パラオ）棄権：25（カナダ、ドイツ、イタリア、英国など）
【同決議案採択により、現在「非加盟オブザーバー国家」であるパレスチナは9月から、加盟国の中でアルファベット順に着席する権利、グループを代表して発言、提案・修正案を提出する権利、国連総会本会議や主要な委員会で役員に選出される権利などが付与されるという。この国連加盟支持決議に法的拘束力はないが、一定の政治的成果ではある。】

5月20日、国際刑事裁判所主任検察官は、戦争犯罪と人道に対する犯罪の容疑で、イスラエル首相、同国国防大臣、ハマース政治局長、軍事部門トップ、ガザ地区指導者に対する逮捕状を請求。
5月24日　国際司法裁判所、イスラエルのラファでの全ての軍事作戦を直ちに停止する仮保全措置を命令。
6月10日　国連安保理、5月31日に発表された人質の解放や停戦を巡る新たな提案を歓迎し、ハマースにその受け入れを求めるとともに、両当事者に対し無条件かつ遅滞なくその完全履行を求める等の内容の米国提案の決議案を採決。賛成：14（日本を含む）反対：0棄権：1（露）

第二章のまとめ

以上の通り、ウクライナ戦争・ガザ紛争関連の諸決議案の採択を巡っては、国連の内外で、米露だけでなく「グローバルサウス」関連の主要国も加わり、文字通り、虚々実々の駆け引きや採決の際の多数派工作などが繰り広げられてきた。これら個々の動きをそれぞれ具体的に検証・分析すれば、「グローバルサウス」の政治的側面に関する仮説は、概ね次の諸点に

集約できるだろう。すなわち、

①既存の大国は戦略的誤算を繰り返しつつ、徐々に影響力を低下させている

ウクライナ戦争で戦略的な判断ミスを犯したロシアは、短期間でウクライナを制圧することに失敗して、NATOの再結束を促しただけでなく、その軍事行動を国連総会などで強く批判されるという政治的ダメージを被った。その後、ロシアは戦争目的をウクライナの「脱ナチ化」・「脱軍事化」から「世界秩序の脱西洋化」に転換して挽回を図ったが、その政治的権威失墜という負の遺産は今後も長く消えないだろう。

一方、米国もガザ紛争では、イスラエルのネタニヤフ政権との政策調整に失敗するという戦略的判断ミスを犯している。国際社会では、当初こそ非人道的なハマースによる奇襲攻撃に対する批判が高まったが、その後は、イスラエルの大規模ガザ侵攻長期化で非戦闘員の死亡者は4万人を超えるに至り、イスラエルの「非人道的行為」に対する「グローバルサウス」を含む国際社会の批判はこれまでになく高まっている。

こうした中、中国はウクライナとガザでの停戦に向け、あたかも「中立的」な「仲介者」であるかの如く巧妙に立ち回っている。しかし、ウクライナ戦争で中国は事実上ロシアを支

援しており、ガザ紛争でも水面下でイランなどと協力している、といった噂は絶えない。少なくとも、中国が「グローバルサウス」諸国との関係強化について戦略的成功を収めているとは言い難いだろう。

②「グローバルサウス」の動きは戦略的ではなく、あくまで戦術的である

それでは「グローバルサウス」諸国はどうかと言えば、彼らはウクライナ戦争やガザ紛争に関し、確固とした、統一的、戦略的立場を持っているわけではない。それどころか、大多数の「グローバルサウス」諸国は、その時々の状況に応じ、自国にとって利益を極大化できる行動を選択的にとっている。その意味では、「グローバルサウス」といっても、その判断や行動は戦術的かつ近視眼的であることが少なくないようだ。

そうだとすれば、「グローバルサウス」の台頭とは、欧米など「先進国」が以前のような圧倒的優位を失い始め、相対的に、政治的影響力が低下しつつあることの論理的帰結に過ぎないとの仮説も、強ち「的外れ」ではないかもしれない。

第三章
経済的側面

ＢＲＩＣＳ＋外相会合は、より機敏で、効果的、効率的、応答的、代表的、合法的、民主的かつ説明責任のある国際・多国間システムを促進することにより、グローバル・ガバナンスを強化・改善すること、また、グローバルな意思決定プロセス・構造への開発途上国・後発開発途上国、特にアフリカ諸国の、より有意義で拡大された参加を確保し、現代の現実に即したものとすることへのコミットメントを改めて表明した。

（「ＢＲＩＣＳ外相会合共同宣言第４項」２０２４年6月10日）

もし多種多様な「グローバルサウス」諸国に、一つ共通点があるとすれば、それは植民地時代から200年以上続く「西側欧米」中心の不公平な国際秩序に挑戦し、新たに、より公平で平等な国際秩序を創り出したいという強い意欲だろう。だが、既に第二章で詳しく考察した通り、少なくとも政治面に関する限り、「グローバルサウス」の挑戦が期待された成果を上げているとは言い難い。

これに比べれば、経済面での「グローバルサウス」諸国の地位向上は近年目覚ましいものがある。日本国内でも「グローバルサウス」諸国に対する関心が急速に高まっている。特に最近は、開発問題が専門の学者・研究者だけでなく、政府や経済界でも「グローバルサウス」との連携の必要性等について研究や政策提言が頻繁に行われるようになった。

他方、こうした知的努力を見ていく中で一つ気になったことがある。それは、ややもすると、この種の研究や提言に、「グローバルサウス」側ではなく、日本自身の経済的利益最大化に重点を置いた、「上から目線」の視点が散見されることだ。誤解を恐れずに言えば、少なくとも日本では、この連携問題を「グローバルサウス」自身の利益を最大化するという視点から、丁寧に分析する論考が意外に少ないのである。

そこで本章では、最近の「グローバルサウス」の経済的影響力、特にその虚像と実像を、これら「グローバルサウス」諸国自身の立場と目線から改めて考察してみたい。更に、本章後半では、「グローバルサウス」諸国の経済活動が日本経済の将来に与える影響について分析を試み、日本とこれら諸国との真の連携のあり方についても考えてみたい。

実を結びつつある「グローバルサウス」の挑戦

「グローバルサウス」については、先進国側の「上から目線」の視点とは真逆の見立てをするニュースサイトがある。「オリエント21」と呼ばれる元々はフランス語の媒体なのだが、その英語版でも「グローバルサウス」諸国の主張と論理がかなり率直に掲載されている。特に、筆者が気になったのは「グローバルサウスがＩＭＦに挑む」と題された２０２３年11月3日付の記事だ。同記事の要旨をここに紹介する。

- ２０２３年8月24日にヨハネスブルグで開かれたＢＲＩＣＳ（ブラジル、ロシア、インド、中国、南アフリカ）会合は、ワシントンＤＣにある多国間金融機関内の勢力バランスを変えた。
- ＢＲＩＣＳの拡大により、同グループは事実上、世界経済の資金調達の要である国際通貨基金（ＩＭＦ）と世界銀行の機能に対する拒否権を獲得した。

- 新たにアルゼンチン、エジプト、エチオピア、イラン、アラブ首長国連邦、サウジアラビアが加わった11カ国のＢＲＩＣＳ諸国のクォータは現在、ＩＭＦ資本のほぼ20％を占める。（筆者注：その後、アルゼンチンは２０２３年12月の政権交代で新政権がＢＲＩＣＳに加盟しないことを決定。サウジアラビアは２０２４年７月現在、加盟を検討中のまま。なお「クォータ」とは、ＩＭＦにおける加盟各国の出資金と投票権を規定する概念である）
- 11カ国が協力すれば（台湾など）新加盟国の参加を阻止したり、各加盟国のＩＭＦ拠出金割合の見直しなど、ＩＭＦの重要な金融政策措置に影響を与えたりすることができる。
- 米国は今、単独でＩＭＦの議決阻止が可能な17・43％の拠出金割合を持つ唯一の国である。
- 実際、ＩＭＦでは新興国の人口や経済の比重は考慮されていない。世界人口の32～46％、世界経済の約３分の１を占めるＢＲＩＣＳの投票数は、何と、英独伊仏の合計よりも少ないのだ。
- 世界人口のわずか13・９％でしかない先進国が、ＩＭＦでは全投票権の59・１％を有している。１９４４年のブレトンウッズ体制発足時、途上国の殆どは植民地であり、主権は持っていなかった。

- それ以来、こうした不平等を是正する努力は数多く試みられてきたが、２００９年まで、いずれも本当に成功したことはなかった。
- 歴史的に生じてしまった不平等を是正するには拠出金割合の見直しが必要だが、過去約15年間、この努力はＩＭＦでの拒否権喪失を恐れる米国の議会の反対により頓挫している。
- ２０２３年９月初旬のニューデリーG20会合でＩＭＦ割当問題は公開討論されなかったが、首脳宣言には「多国間開発銀行の改革と割当の見直し」が含まれていた。
- 富裕国は南半球を優遇するためのＩＭＦ割当の削減に消極的だが、中国は「一帯一路」政策開始10年で途上国に１兆ドルもの資金を貸し付け、今後も１０７０億ドル以上の融資を約束している。

この記事を書いたのはフリーランスのフランス人経済ジャーナリストで、内容もかなりバランスを欠いたものではある。しかし、この記事を読めば、拡大ＢＲＩＣＳグループが、ＩＭＦにおける米国等西側諸国の拠出金割合を減少させ、途上国側の割合を拡大することにより、ＩＭＦの意思決定システム自体を変えようとしていることは明白である。

勿論、ＩＭＦの改革はＢＲＩＣＳの専売特許ではない。これまでも途上国出身の学者・専門家からは「ＩＭＦには野心的な統治改革が必要だ。ＩＭＦは２０１０年に、新興国の発言力を高めるため、日米欧などの先進国から出資比率を移転する改革で合意した。新興国の強まる影響力に応じ、今後さらに出資割当額や議決権を適切に反映するよう変えるべきだ。」といった主張が何度も繰り返されてきた。

これに対し、よりバランスの取れたＩＭＦ改革案を提唱する向きもある。その典型例が２０２３年10月10日のフィナンシャルタイムズ社説だ。その概要は次の通りである。

- 中印経済の台頭は、ＩＭＦのクォータの割合増加に反映されていない。特に欧州の声はＩＭＦにおいて過度に代表されている。
- ＩＭＦは危機融資で中国や湾岸諸国と競合するが、これら諸国の融資はしばしば不透明な条件で行われている。中国はＩＭＦの主権国家債務再編の多くの試みを阻止している。
- 米国は、ＩＭＦのクォータの均等な増加を求める声を主導しているが、これはＩＭＦの融資能力向上の第一歩として歓迎すべきである。
- 他方、新興大国からの資金調達増大には、そのクォータと投票権を増やし、他の加盟国のクォータを下げる必要がある。
- 中国はＩＭＦの途上国債務再編を支持すべきであり、ＩＭＦの原則を遵守することなしに自国の発言権は拡大できないことを知るべきである。

ＩＭＦは「グローバルサウス」の最前線

ここまでの説明で、「グローバルサウス」諸国の少なくとも一部は、拡大ＢＲＩＣＳを通じて、「西側」主導で設立され、「西側」中心に運営されている不公平な国際秩序を象徴するＩＭＦの改革につき、出資比率の見直しという大義名分の下、より公平で平等な新たな秩序作りに向けて、「西側」への挑戦を続けていることが明らかになったと思う。

ここで留意すべきは政治面での挑戦に比べ、経済面での挑戦の方がはるかに効果的だという現実だ。経済面での挑戦では、「質」もさることながら、「量」がモノを言う。ＩＭＦの例では、ＢＲＩＣＳが5カ国から11カ国（その後アルゼンチンが加盟せず、サウジアラビアが検討中のままなので9カ国）に拡大され、新参加国の中にアラブ首長国連邦と（いずれは）サウジアラビアが含まれたことは、決定的に重要である。

拡大ＢＲＩＣＳ11カ国のＩＭＦでのクォータが最終的に約2割となれば、数の上では米国のクォータを上回り、ＢＲＩＣＳグループの発言力は格段に向上する。クォータの見直しにつき、米国は「増資はするが、出資比率は変更しない」という立場である。現時点で、米国以外のG7諸国やインドなど一部新興諸国は米国案を支持しているようだが、今後は予断を許さないだろう。

日本などは、現在の出資比率を維持したままの「均等増資」を支持しているが、中国など「グローバルサウス」諸国の多くは、増資と出資比率変更を同時に行うべきだと主張している。今後、BRICSなどの集団が比較的裕福な「グローバルサウス」諸国からの参加国を増やしていけば、「西側」諸国による既得権維持は一層困難になるだろう。

既得権喪失の危機感

こうした「既得権喪失に対する危機感」の欠如こそ、日本政府や経済界の「グローバルサウス」に対する「上から目線」的アプローチに筆者が違和感を抱いた理由である。「グローバルサウスとの連携強化」への関心自体は結構だが、真に連携を強化するためには一定の「譲歩」も必要であり、そうした「譲歩」は確実に「西側」の既得権喪失につながる。経済面での「グローバルサウス」との連携は決して綺麗事ではないのだ。

一方、順調に見える「グローバルサウス」の経済戦略にも問題がないわけではない。最大の問題は「グローバルサウス」内部の経済格差である。拡大を果たしたBRICSにしても、当初は11だった加盟国数は9に減少した。理由は、サウジアラビアが今も加盟を検討中とする一方、アルゼンチンでは政権交代があり、保守系の新政権がBRICS加盟方針を転換したからである。

いずれも有力国とはいえ、拡大BRICSのような僅か9～10カ国程度の国家グループですら、その経済力、人口規模、政治制度は一様でなく、内部の意思統一も決して容易ではなかろう。仮に、コンセンサスができたとしても、それが他の多くの「グローバルサウス」諸国の利益を代表するとは限らない。これが「グローバルサウス」の経済的側面の実態である。

経済面から「グローバルサウス」を分類すれば

それでも、経済は非情なもので、経済社会政策の成否は、往々にして、国民1人当たりの取得の多寡となって現れる。開発経済の世界ではこれまでにも様々な指標や分類が採用されているようだが、世界銀行は、世界各国を所得水準、具体的には1人当たり国民総所得（GNI）に基づいて、4つのグループに分類している。詳細は次の通りだ。

①低所得国：1人当たりGNIが1145米ドル以下の国々

②下位中所得国：1人当たりGNIが1146米ドルから4515米ドルまでの国々
③上位中所得国：1人当たりGNIが4516米ドルから1万4005米ドルまでの国々
④高所得国：1人当たりGNIが1万4006米ドル以上の国々

本章では、再びある程度の単純化をご容赦頂き、複雑かつ多様な「グローバルサウス」諸国を敢えて経済的見地から分類を試みる。具体的には、「自由民主」か「統制独裁」かを縦軸に、「低所得国」「下位中所得国」「上位中所得国」か「高所得国」かを横軸として、「グローバルサウス」諸国を12のカテゴリーに分類してみた。その結果は表2の通りである。

こうして表に纏めてみると、「グローバルサウス」なるものの実態が如何に多種多様か、は一目瞭然だ。本章冒頭で紹介したBRICS+のブラジル、ロシア、インド、中国、南アフリカ、イラン、エジプト、アラブ首長国連邦、エチオピアの9カ国だけ見ても、BRICS+とは「一枚岩」どころか、相反する思惑を秘めた「唯我独尊」的集団内の主導権争いの場であることが分かる。まずは表の右下から順に見ていって欲しい。

類型①　自由民主・高所得

類型①はＥＩＵの民主主義指数と1人当たりＧＮＩが共に高いグループであり、具体的にはシンガポール（11-69〔所得ランキング11位、民主主義指数69位を意味する。以下同じ〕）、ガイアナ（61-67）、ウルグアイ（65-14）、パナマ（66-48）、トリニダード・トバゴ（67-43）とチリ（70-25）の僅か6カ国しかない。「グローバルサウス」としては優等生なのだろうが、「グローバルサウス」内で指導的役割を果たすような国は、申し訳ないが、見当たらない。

類型②　混合体制・高所得

類型②は民主主義指数が中程度だが1人当たりＧＮＩは高いグループであり、具体的にはブルネイ、プエルトリコ、ナウル、バルバドス、キュラソー、セイシェル、パラオの7カ国である。このグループも、類型①と同様、優等生タイプの小国が多く、「グローバルサウス」内での主導権発揮は難しいだろう。

類型③　統制独裁・高所得

類型③は民主主義には程遠いが、1人当たりＧＮＩだけはずば抜けて高い国を中心とした

●表 2 「グローバルサウス」諸国の政治体制と 1 人当たり GNI による12分類

＊国名の前の数字は 1 人当たり GNI の国際順位、国名の後の数字は世界民主主義指数

	低所得 28 1,145米ドル以下	下位中所得49 1,146米ドルから 4,515米ドルまで	上位中所得44 4,516米ドルから 14,005米ドルまで	高所得 20 14,006米ドル以上
統制独裁	177 エチオピア 116 178 トーゴ 126 179 スーダン 158 180 ルワンダ 117 182 ギニアビサウ 140 183 マリ 137 184 ブルキナファソ 133 187 チャド 161 188 コンゴ民主共和国 160 191 ニジェール 141 192 シリア 163 194 モザンビーク 113 196 中央アフリカ共和国 164 197 アフガニスタン 167 198 ブルンジ 147 キューバ 135 エリトリア 152 北朝鮮 165 イエメン 154	126 ヨルダン 122 130 ベトナム 136 133 エジプト 127 134 エスワティニ王国 132 136 レバノン 112 143 ジブチ 134 150 コンゴ共和国131 151 ウズベキスタン 148 158 ラオス 159 160 ナイジェリア 104 161 カンボジア 121 162 ハイチ 129 162 ジンバブエ 122 164 キルギス109 166 カメルーン 138 167 コモロ 122 168 パキスタン 118 169 タジキスタン 155 172 ギニア 145 174 ミャンマー 166 ベネズエラ 142	75 中国 148 84 カザフスタン 120 92 ガボン 146 96 リビア 157 106 アゼルバイジャン 130 113 イラク 128 117 赤道ギニア 156 120 アルジェリア 110 125 イラン 153 トルクメニスタン 162	12 カタール 111 24 アラブ首長国連邦 125 29 クウェート 114 44 サウジアラビア 150 45 バハレーン 139 56 オマーン 119 72 ロシア 144

混合体制	180 ウガンダ 185 ガンビア 186 リベリア 189 マラウイ 190 ソマリア 192 シエラレオネ 194 マダガスカル 南スーダン	127 カーボベルデ 131 ミクロネシア 132 サモア 135 チュニジア 137 キリバス 138 モロッコ 139 バヌアツ 140 ボリビア 141 ブータン 144 ホンジュラス 145 バングラデシュ 147 コートジボワール 153 ニカラグア 153 ソロモン諸島 155 モーリタニア 157 アンゴラ 159 ケニア 165 セネガル 169 ベナン 171 ネパール 173 ザンビア 174 タンザニア	77 セントルシア 78 メキシコ 80 トルコ 81 モーリシャス 82 モンテネグロ 83 モルディブ 85 セントビンセント及び グレナディーン諸島 87 グレナダ 90 ドミニカ 95 ボツワナ 96 マーシャル諸島 99 ツバル 101 ベリーズ 103 ペルー 108 エクアドル 109 パラグアイ 114 フィジー 114 グアテマラ 119 トンガ 122 エルサルバドル	37 ブルネイ 50 プエルトリコ 54 ナウル 58 バルバドス 60 キュラソー 68 セイシェル 72 パラオ
自由民主主義	176 レソト 71	128 フィリピン 53 142 スリランカ 70 146 パプアニューギニア 72 148 インド 41 152 ガーナ 65 156 東ティモール 45	74 コスタリカ 17 76 アルゼンチン 54 79 マレーシア 40 89 ブラジル 51 88 ドミニカ共和国 61 102 タイ 63 104 コロンビア 55 105 南アフリカ 47 110 ジャマイカ 45 116 スリナム 49 121 モンゴル 59 123 インドネシア 56 123 ナミビア 57	11 シンガポール 69 61 ガイアナ 67 65 ウルグアイ 14 66 パナマ 48 67 トリニダード・トバゴ 43 70 チリ 25

グループであり、具体的には湾岸協力評議会（GCC）の富裕アラブ諸国とロシアである。ロシアを除外するのは当然としても、こうしたアラブ産油国を「グローバルサウス」に含めることに違和感を抱く向きは多いだろう。いずれにせよ、このグループから、ロシアに続いて、アラブ首長国連邦とサウジアラビア（現在検討中）が拡大BRICSに参加表明したことは注目すべきである。

類型④　統制独裁・上位中所得

類型④は類型③ほど高所得ではないが、中所得国の中では上位に属する「準優等生」ながら、民主主義を実践する気など毛頭ないグループだ。ここでも筆頭はやはり中国である。「グローバルサウス」への働きかけを続けるには、やはり一定の経済力が必要ということだ。もう一つ、類型④で興味深いのは、豊かな中国（1人当たりGNI1万3400ドル、75‐148）の後、カザフスタン（84‐120）、トルクメニスタン（?‐162）、ガボン（92‐146）、リビア（96‐157）、アゼルバイジャン（106‐130）、イラク（113‐128）、赤道ギニア（117‐156）、アルジェリア（120‐110）が続き、データのないトルクメニスタンを除いて最後にイラン（125‐153）が入っていることだ。世界銀行によれば、イランは2023年に、主に石油輸出が追い風となり、サービス業と製造業の利益に支えられ、何と5・0%の経済成長を記録したという。この類型④の中に、中国とイランが含まれること自体、注目に値する。

類型⑤　混合体制・上位中所得

類型⑤に属する国は約20カ国あるが、これら諸国の多くはいわゆる「中所得国の罠」、すなわち「1人当たりのGDPが1万ドルに近付くと、労働コストの上昇で従来のような高成長が難しくなる状態」から抜け出せない状態が続いている。「中所得国の罠」については後述するが、何故かこのグループからBRICSに加盟しようとする国はあまり見当たらない。その中で筆者が注目するのは、中国と同様に1人当たりGNIが1万1000～1万2000ドルを超えつつあるメキシコとトルコである。

類型⑥　自由民主・上位中所得

類型⑥の特徴は、類型①ほど1人当たり所得は高くないが、それでも高いレベルの民主主義指数を維持する「準優等生」であることだ。具体的には、コスタリカ（74‐17）を筆頭に、一時はBRICS加盟を検討したアルゼンチン（76-54）、マレーシア（79-40）、BRICS創設国のブラジル（89-51）、ドミニカ共和国（88-61）、タイ（102-63）、コロンビア（104-55）、BRICSの5番目の加盟国である南アフリカ（105-47）、ジャマイカ（110-45）、スリナム（116-49）、モンゴル（121-59）、ナミビア（123-58）に加えて、インドネシア（123-56）も入っている。類型⑥は、類型⑦のインドとともに、「グローバルサウス」内の自由民主を志向する有力国を含むグループとして、大いに注目すべきだろう。

類型⑦　自由民主・下位中所得

類型⑦は曲がりなりにも民主主義を実践しているが、なかなか豊かになれない国々のグループで、その筆頭はインドである。インドは民主主義指数では41位の「不完全民主主義」だが、1人当たりGNIでは148位の2540ドルに止まっている。類型⑦の筆頭はフィリピン（128-53）で1人当たりGNIは4230ドル、それにスリランカ（142-70）、パプアニューギニア（146-72）、インド（148-41）、ガーナ（152-65）、東ティモール（156-45）が続いている。人口が多いため1人当たり所得は少ないインドではあるが、せめて上位中所得国にならないと、「グローバルサウス」内での影響力拡大は難しいだろう。

類型⑧　混合体制・下位中所得

類型⑧は統制独裁でも自由民主でもないし、1人当たりGNIもまだまだの国々のグループで、筆者作成のリストでは全体で20カ国ほどある。いずれもごく普通の、どちらかといえば貧しい開発途上の国々なのだが、全体で見れば、最も典型的な「グローバルサウス」諸国でもあるといえる。類型⑤と同様、何故かこの類型にも強力な指導力を発揮しそうな国は見当たらない。

類型⑨　統制独裁・下位中所得

類型⑨は、類型⑧と同程度に貧しいが、政治体制がより統制・独裁色の強いグループであり、こちらも全体で20カ国ほどある。この類型にはベトナム（130‐136）や、最近BRICSに参加したエジプト（133‐127）がいるが、ここでもエジプト以外に、「グローバルサウス」諸国をリードできるような影響力を持つ国はあまり見当たらない。

類型⑩　統制独裁・低所得

類型⑪　混合体制・低所得

類型⑫　自由民主・低所得

最後の３つの類型はいずれも「グローバルサウス」の中で最も所得の少ない最貧国であるが、その中で最も活動的なのが類型⑩にある最近ＢＲＩＣＳに参加したエチオピアだ。エチオピアは「低所得国」の中でＢＲＩＣＳに参加した唯一の国である。逆に言えば、低所得国の影響力は一般に低調であり、類型⑩〜⑫の国々が「グローバルサウス」内で指導力を発揮する可能性はかなり低いだろう。

以上を纏めれば、これら12の類型の中でも「グローバルサウス」関係主要国として有力な国々は、

類型③「統制独裁・高所得」国の富裕湾岸アラブ諸国とロシア、

類型④「統制独裁・上位中所得」国の中国とイラン、

類型⑤「混合体制・上位中所得」国のメキシコとトルコ、

類型⑥「自由民主・上位中所得」国のアルゼンチン、ブラジル、南アフリカ、インドネシ

ア、
類型⑦「自由民主・下位中所得」国のインド、
類型⑨「統制独裁・下位中所得」国のベトナムやエジプト
などに限られてくるのではないか。

中国とインドは「中所得国の罠」に耐えられるか

最後に「中所得国の罠」について簡単に説明しよう。

この概念は一般に、「新興国が低賃金の労働力等を背景として飛躍的に経済成長を遂げ、中所得国レベルに達した後、人件費上昇で工業品の輸出競争力が失われ経済成長が鈍化する危険」を意味することが多い。実際、これまでもアルゼンチン、ブラジル、チリ、マレーシア、メキシコ、タイなどは、高度経済成長を長く維持できず、1人当たりGNI1万ドルの壁を容易に突破出来ていない、または出来なかった、といわれる。

「中所得国の罠」を回避するには経済構造や政策の大胆な転換が必要となる。具体的には産業の高度化、特に内需拡大、規制緩和、構造変換、イノベーション、国有企業改革などが不可欠である。1990年代末に中所得国の罠に陥った韓国や台湾は、電機やIT分野で産業の高度化を行ったため高所得国入りを果たせたが、果たして今の中国はどうだろうか。

10年ほど前、日本を訪問中の中国人経済学者と意見交換する機会があった。当時はまだ戦狼外交やコロナ禍の前だから、中国の専門家とある程度気楽に意見交換できた。その人物は「日本のバブル崩壊と失われた10年は徹底的に研究したので、中国は日本のような過ちを絶対に犯さない」と豪語していた。ところが結果はどうだ？　中国では不動産バブルが弾け、バランスシート不況が始まり、若年失業、社会保障の不備など、日本以上の難問を抱えているではないか。

デフレを回避しつつ中所得国の罠を回避するには内需拡大等大胆な経済政策の転換が必要だが、今中国政府がやっていることは真逆だ。既に過剰気味の生産を更に拡大し、国内で売れない製品を全世界、特に欧米諸国に輸出しようとすれば、批判されるのも当然だろう。昔日本もダンピングなどと批判されていた。1人当たりGNIが1万3400ドルを超えた中国も、政策変更なしには「中所得国の罠」から逃れられなくなる筈なのだが。

この点、インド経済にはまだ希望が持てる。1人当たりGNIはまだ2540ドルだから、当面高度経済成長は続くだろう。インドにも中国とは異なる様々な社会的制約があるだろうが、基本的に自由市場経済を実践し、中国のような「共産党独裁」によるマクロ経済政策への干渉がないので、インド経済は、中国経済よりも「中所得国の罠」に対してはるかに耐性があると思われる。

続く次章では「グローバルサウス」の社会的諸課題に焦点を当て、「グローバルサウス」諸国の多くが今も「貧困の悪循環」や「中所得国の罠」から抜け出せない理由を更に詳しく論じたい。

第四章
社会的側面

貧困は、１人当たりの資本レベルが低い状態から始まる。１人当たりの資本比率が世代ごとに低下すれば、貧困の罠に嵌ってしまう。人口増加の速度が資本蓄積よりも速ければ、１人当たりの資本量は減少する……純資本蓄積の速度が人口の増加を上回れば、１人当たりの所得は増大する。

（ジェフリー・サックス、『貧困の終焉』、２００５年）

筆者は外務省で中東が専門だった。１９７９年、カイロでアラビア語研修を始めた頃にＩＭＦの推計で４２６３万人だったエジプトの人口は、２０２２年には１億１１００万人にまで膨れ上がった。一方、同期間に、エジプトの名目国内総生産（ＧＤＰ）が１８０億ドルから４７６７億ドルへ約27倍に拡大したので、１人当たりの名目ＧＤＰも４２２ドルから４２９５ドルへ約10倍も増えている。

おお、エジプトも随分豊かになったものだ、と思われるかもしれないが、実態はその真逆に近いだろう。別の統計（World Economic Outlook Databases）によれば、１９８０年のエジプトの１人当たり名目ＧＤＰの世界ランキングは１１２位、ほぼラオスと同レベルだったそうだ。更に２０２３年になると、エジプトの順位は１３０位となっている。ちなみに、ラオスはそれより更に低い１５０位だったのだが。

要するに、この43年間、世界全体の国数が増えたことを差し引いても、エジプトはちっとも「豊か」になっていないのだ。あの筆者20代の最も輝かしい青春時代をアラビア語語学研修に捧げた地エジプトのこの体たらくだが、実はこれ、40年前から容易に予測可能だったことだ。これこそが筆者の開発途上国での体験の原点、すなわち「貧困の無限連鎖」現象だったのである。

外務省時代は、幸か不幸か、戦争とかテロ・人質とか、結構血生臭い仕事が多く、世界各地の開発途上国の発展を手伝うといった前向きな仕事にはあまり関わる機会がなかった。その意味で筆者は素人に毛の生えたような研究者に過ぎない。だからというわけではないが、「グローバルサウス」諸国内の社会的課題については、アラビア語研修時代の記憶を辿りつつ、その道の専門家の知見を拝借しながら考察したいと思う。

JICAのグローバルアジェンダ

従来「開発途上国」と呼ばれてきた「グローバルサウス」の多くの国々が抱える社会的課題への協力については、日本だけでも、政府内外に膨大な経験の蓄積がある。中でもJICA（国際協力機構）はその道の専門家集団であり、「開発途上地域等の経済及び社会の開発若しくは復興又は経済の安定に寄与する」ための活動を長年行ってきている。

JICAのホームページには、その主な活動対象として、都市・地域開発、運輸交通、資源・エネルギー、民間セクター開発、農業開発／農村開発、保健医療、栄養改善、教育、社会保障・障害と開発、スポーツと開発、平和構築、ガバナンス、公共財政・金融システム、ジェンダー平等と女性のエンパワメント、デジタル化の促進、気候変動、自然環境保全、環境管理、持続可能な水資源の確保と水供給、防災・復興を通じた災害リスク削減、などが挙げられている。

これら一つ一つは、いずれも重要な領域であり、それぞれ多くの専門家が日夜研究・実践してきている。他方、そうした研究は個々の専門分野に特化したものが少なくなく、特定の開発途上国が「貧困の悪循環」などの社会的課題をなぜ解決できないかを、素人にも分かり易く解説する文章は、筆者の勉強不足もあってか、残念ながらあまり見つからなかった。

経団連の問題意識

この点は経済界にも同様の問題意識がある。例えば、経団連は2024年に「グローバルサウスとの連携強化」に関する政策提言を発表している。詳細は第六章で論じることにするが、同提言には「グローバルサウスとの連携強化」にあたり「各国の社会的課題」などに留意する必要があると述べている箇所がある。以下にその該当部分を引用する。

- グローバルサウスと一言に言っても、資源・エネルギーの賦存状況、政治体制および経済・社会情勢等は国・地域によってまちまちである。したがって、連携強化にあたっては、主要国・地域別に方針を打ち立てる必要がある。
- グローバルサウスの全ての国と連携を強化することは現実的でも、効果的でもないことから、……重点を置いて取り組むべき国・地域を選定し、限られた政策資源を集中投下することが重要である。その際、国際秩序の維持・強化の視点から、G20に参加するグローバルサウスの国々（ブラジル、インド、インドネシア、南ア等）は、その対象に含まれるべきである。

（日本経済団体連合会「グローバルサウスとの連携強化に関する提言」2024年4月16日）

実に正鵠を射た指摘ではあるが、それでも、個々の国々に対し、具体的に何が問題で、何をすべきかについての詳しい言及はない。されば本章では、「グローバルサウス」、特に一部の裕福な産油国などを除く、多くの開発途上国が「貧困の悪循環」から抜け出せない理由を筆者なりに分析しつつ、「グローバルサウス」諸国が抱える様々な社会的課題について考察していこう。

成長と停滞の循環

冒頭紹介したジェフリー・サックスは「資本蓄積の速度が人口増大より速ければ成長し豊かになり、逆に、1人当たりの資本比率が世代ごとに低下していけば、貧困の罠に嵌る」と断じている。これをヒントに本稿では「グローバルサウス」諸国で見られる「貧困の連鎖」が生じるメカニズムとその類型について考えてみたい。

筆者が考える「停滞の悪循環」は次の通りである。その起点には常に「貧困」がある。

・・・→貧困→不十分な教育・保健医療・社会保障→人的資源の不足→不正・腐敗・汚職の蔓延→法整備の遅れ・行政機能の未成熟→経済・農業・水産政策の不備→民間セクターの未発達→失業拡大と産業の停滞→資本の未蓄積と格差拡大→国内紛争→貧困→・・・

要するに、カネがないので、人々は高等教育と健康や福祉を得られず、為政者は劣化し、正しい政策が実行されず、民間企業が育たず、失業が増え、資本が蓄積されないために、貧困が繰り返される、ということである。ちなみに、世界銀行によれば、「貧困」とは「1日2・15ドル未満の生活状態」を指し、今世界で3億3300万人の子供達が貧困状態にあるそうだが、このような「停滞の悪循環」を逆流させるため、筆者は「成長の好循環」を次のように考えてみた。

・・・→資本蓄積→運輸交通インフラ（道路、鉄道、港湾、空港の整備）→情報通信インフラ（情報格差縮小、情報通信技術〔ＩＣＴ〕整備）→資源・エネルギー確保→生活インフラ（水資源、防災、住宅）確保→環境保全→経済成長→資本の蓄積→・・・

つまり、カネがあれば、様々なインフラが整備され、エネルギーを確保できるので、経済は成長し、資本が蓄積される、というわけである。逆に言えば、多くの途上国は様々な理由により、この「成長」と「貧困」の分岐点で政策上のミスを犯している可能性が高いのだ。されば、こうした判断ミスの結果、その国家や社会には如何なる差異が生まれるのだろうか。

この種の判断ミスは、筆者の中東での経験によれば、基本的に人為的なものが殆どだ。カネがなければ、人は育たない。優秀な人材がいなければ、政府要人は不正・腐敗にうつつを抜かし、正しい政策を企画・立案・実行しない。政策が間違っていれば、その国家の社会的コストが高まり、資本は蓄積されないので、社会は貧困状態に戻っていく。こうして「成長の好循環」から外れ、「貧困の悪循環」に再び陥るのだ。

鶏が先か、卵が先か、は筆者にも分からないが、社会に資本蓄積がなければ、優秀な人材は国外に流出する。海外に出れば、愛国心も郷土愛も徐々に薄れていき、本国に留まって汗をかく気が薄れていく。周りに優秀な人がいなければ、その国家、社会は組織として機能しなくなる。「人事を尽くして天命を知る」ような優秀な人材のチームがなければ、より多くの判断ミスが生まれるのも当然だろう。

「グローバルサウス」とワクチン外交

しかし、如何に人事を尽くしても、時には不可思議な天命もある。例えば、疫病を含む自然災害は、インフラ整備の不十分な「グローバルサウス」社会に甚大な悪影響を及ぼし、「西側」とだけでなく、「グローバルサウス」内の格差をも拡大させる。しかも、露中など「グローバルサウス」の取り込みを狙う勢力は、そうした疫病や自然災害を政治的に利用しようとする傾向がある。

その典型例がコロナのワクチン外交だった。2023年4月16日時点で、全世界の累積感染者数は7億6366万5202人、累積死亡者数は691万2080人だった。2023年の「世界の食料安全保障と栄養の現状（SOFI）」報告書によれば、新型コロナウイルス感染症の流行やウクライナなど各地での紛争の影響で、飢餓人口は、2019年から約1億2200万人増加し、約7億3500万人に達したという。

こうした中で、中露だけでなく欧米諸国もパンデミックを逆手に取り、「グローバルサウス」への影響力拡大を画策する外交を展開した。例えば「マスク外交」「ワクチン外交」を進めた中露、迅速検査で感染拡大を防ぐ「K防疫」を売り込んだ韓国、対アフリカ人道支援を表明したトルコ、自国生産ワクチン提供を発表したインドなどが、その典型例である。

具体的には、デルタ株流行のピークだった2021年2~3月、中国とロシアは大量の自国製ワクチンを「グローバルサウス」に供給した。これに対し、欧米日などの「グローバルサウス」に対するワクチン供給は中露から数カ月遅れ、しかも、その多くはCOVAXという国際的枠組みを通じて供給された。このため、当初「グローバルサウス」諸国の間では、中露の「ワクチン外交」が非常に高く評価されていた。

ところが、その後新たに流行が始まったオミクロン変異株に対しては、中露製ワクチンの有効性に疑義が生じるようになる。そこからは状況が一転し、最新医療技術を駆使した有効性の高いワクチンを製造できる欧米諸国がワクチン外交を仕切っていくようになった。要するに、コロナ・ワクチン供給は、単なる国際医療支援ではなく、対「グローバルサウス」影響力の拡大競争でもあったのだ。

続いて、これらの動きを国別に見ていこう。

①中国の例

中国の動きは素早かった。コロナ感染拡大初期の2020年3月以降、国際社会が中国政府当局の情報隠蔽体質や、武漢での強権的な防疫措置に批判的な目を向ける中で、中国はマスクや防護服といった支援物資をコロナ流行中の「グローバルサウス」諸国に基本的に無償で提供したという。これがいわゆる「マスク外交」、中国宣伝工作の第1段階である。

一方、感染発生当時から、コロナウイルスの起源は武漢市内の市場または医療施設ではないかとの疑惑が指摘されていた。世界保健機関（WHO）がウイルスの起源等につき明言しないのは、中国側に配慮した結果だとの批判も絶えなかった。事の真偽は不明だが、当時中国側に「パンデミックを起こした戦犯国」なる汚名だけは避けたいという思惑があった可能性は十分あろう。

これに対し、中国はいち早く自国製ワクチンを開発し、2020年末には輸出を増やし始めた。21年2月のデルタ株流行後、3月には世界初の「ワクチンパスポート」を発行、5月には習近平国家主席が「中国製ワクチンを世界の公共財にする」と宣言している。更に、中国は同年9月末までに109の国と地域に合計10億回分のワクチンを輸出し、21年8月には習主席が「今年は世界に年20億回分を提供する」と述べていた。

これが「ワクチン外交」と呼ばれる宣伝工作の第2段階である。当時日本では「中国はワクチン外交で独り勝ちか」といった浮足立った見方も流布された。ところが、21年11月以降、オミクロン株が広がる中で、中国製ワクチンは有効ではないという見方が広がったため、ワクチン外交をめぐる状況は中国の「独り勝ち」どころか、「逆風」となっていった。

当時中国政府は一貫して「中国のワクチン協力に政治目的はない。世界が新型コロナに打ち勝つことが唯一の目標だ」などと説明していた。しかし、22年3月には中国製ワクチンの供給量が激減し始め、中国のワクチン外交は事実上終焉を迎えた。振り返ってみれば、中国の国際宣伝活動の一環であったワクチン外交の評価は「功罪相半ば」といったところだろう。

なお、中国製ワクチンの提供先は当初アフリカや東南アジアなど「グローバルサウス」諸国が中心だったが、21年1月の段階では、ワクチンが不足していた日本など先進国への供給も内々模索されていたと報じられた。中国側がコロナ問題を如何に深刻に捉え、かつ自国の名誉挽回を図ろうとしていたかが良く分かる、実に涙ぐましいエピソードの一つではなかろうか。

②ロシア

中国と同様、2020年8月という早い段階でワクチン開発を進めたのがロシアだ。ロシアの「スプートニクV」ワクチンの使用は、20年12月にロシア、アルゼンチン、ベラルーシ、ハンガリー、セルビア、アラブ首長国連邦を含む複数の国で開始され、21年7月の段階では世界で2番目に多くの国（69カ国）によって承認されていたという。

しかし、当時は、例えば欧州医薬品庁（EMA）が「効果を示す十分なデータが得られていない」と指摘するなど、欧米ではロシア製ワクチンに対する不信感が根強かったようだ。また、一部の国ではロシアによる生産・供給の遅れを理由に、ロシアに代金の返金や契約解除を求める動きもあったという。

しかも、「ワクチン外交」でロシアは中国と競争関係にあり、当時は水面下で厳しい販売争いが繰り広げられた。ロシアはカザフスタン、トルクメニスタンなど中央アジア諸国でスプートニクVの導入に成功したが、一方、例えば、ブラジルではその安全性、品質、効果に関する情報不足を理由にスプートニクV輸入を拒否されている。

以上のように、ロシアもワクチン開発能力のある大国として、ロシア製ワクチンを自国の政治的影響力の維持・確保のため活用しようと画策していたことは間違いない。プーチン大統領も自ら「ワクチンを必要とする国に提供する用意がある」と発言していた。やはり、スプートニクVの輸出はロシアの対外宣伝工作の一環だったと見るべきであろう。

③米国

米国の場合、中露と同様、ワクチンの独自開発能力は持っていたが、「ワクチン外交」という点では2つの理由で中露とは状況が異なっていた。第1は、米国国内で夥しい数の感染者・死亡者が発生したことだ。流行開始当初、米国は国内の感染対策に忙殺されたため、中露のように比較的早い段階から「ワクチン外交」を政治的に利用できなかった。

第2は、中露とは異なり、新技術を駆使した効果的新型ワクチンを生産する能力があったことだ。米国内でワクチン接種が順調に進み、米国民に十分行き渡る見通しが立ったのは21年5月で、それ以降、ようやくバイデン政権は国内で余り始めたワクチンを輸出・譲渡することが可能となった。当時は「グローバルサウス」を中心に先進国がワクチンを買い占めているとの批判が根強く、米国としてもこれに応える必要があったのだ。

④インド

「グローバルサウス」諸国は、程度の差こそあれ、新型コロナの大流行で政治、経済、社会に多大なる損害を被った。中でも、最も大きな被害を受けた国の一つがインドである。２０２０年、感染爆発当時のインド国内の感染状況は危機的であり、免疫を得るのに数週間以上かかるワクチンよりも、まずは医療用の酸素や人工呼吸器、防護具などの支援が優先された。

その後、２０２１年に入り国内状況が改善すると、インドも本格的に「ワクチン外交」に参戦し始める。１月にワクチン国内接種を開始したインドは、並行して、国内で生産した英国系ワクチンを近隣諸国など17カ国に提供するとともに、ＱＵＡＤ（日米豪印）首脳会議などを通じて「途上国にインド製造ワクチンを供与する枠組み」を模索した。

インドがワクチン外交を進める背景には、２０２０年6月の国境係争地帯での印中両軍衝突以降、中国に対抗する狙いもあったようだ。カンボジアやミャンマーで中国とワクチン提供量を競争したり、中国の対パキスタン供与に対抗し対アフガニスタン支援を強化したりするなど、インドのワクチン外交も、ワクチンを政治的宣伝手段として利用する点では、中露と変わらなかった。

⑤日本

中露米印とは異なり、自国開発ワクチンを持たない日本では、自国民用の米国製ワクチンの確保が最優先された。その結果、中露のような政治宣伝を目的としたワクチン外交の立ち上げは必ずしも迅速ではなかった。２０２１年当時の日本のコロナ外交の中心は、途上国に必要なワクチンを共同購入して提供する国際的枠組み「ＣＯＶＡＸ（コバックス）ファシリティー」である。

日本は設立当初から関わったＣＯＶＡＸに2億ドル（約２１８億円）も拠出したが、こうした国際共同購入方式ではなかなか「日本の顔」が見えない。そのため、ＣＯＶＡＸを通じた支援と並行し、２国間の直接支援の検討も始まり、２０２１年６～７月にかけては、日本で生産されていたが供与に余裕のあった英アストラゼネカ製ワクチン合計３３４万回分を台湾に提供している。

その後、日本は供与対象をベトナム、インドネシア、フィリピン、マレーシア、タイを加えた6カ国・地域に拡大し、２０２１年8月初めの時点で合計１１６２万回分のワクチンを無償供与している。この時点で、日本は米国、中国に次いで世界第3位のワクチン２国間直接無償供与国となったのだが、このことを知る日本人はあまり多くない。

国際機関を舞台にした「コロナ外交」

２０１９年末から始まった新型コロナウイルスの流行は22年になってようやく峠を越えた。パンデミックが中国の武漢から始まったとする見方は今も強いが、真相は未だ不明である。また、流行発生当初から、本来中立であるべき国際機関であるＷＨＯ（世界保健機関）が中国に政治的配慮を行ったのではないかと批判する声は少なくなかった。

新型コロナ禍が発生して以降、ＷＨＯには、国際機関としての初動が遅れただけでなく、世界的な感染拡大にもかかわらず、事務局長が中国の感染封じ込め努力を称賛するなど、「中国寄り」と見られる姿勢を示すことが繰り返されたという批判があった。テドロス事務局長は中国の支援を受けて当選したと噂され、一時はＷＨＯの国際機関としての威信と信頼そのものが問われていたのである。

確かに、人の健康を扱う国際機関が政治的中立を守るのは当然だ。しかし、現実には、多額の資金拠出による支配や事務局長に対する政治的圧力を通じて、自国に不利な発言や報告を止めさせ、逆に有利な情報を発表させようとする国が一部にあることも事実である。残念ながら、「ワクチン外交」を進めるにあたっては、国連や国際機関の人事も国際政治の一部であることも踏まえる必要があるのだ。

「ワクチン外交」を総括すると

２０２０年から数年間続いたコロナ禍は「グローバルサウス」諸国に多大な損害を与えた。これに対し、米中露などの大国は、当初こそ自国における感染を最小化する努力に集中したものの、次第に「グローバルサウス」諸国との関係を強化するため、コロナ・ワクチンを「政治的武器」として活用するようになった。こうした「ワクチン外交」には概ね次の３つの類型がある。

①自国開発製造可能国

自国にワクチン開発能力を持つ国の行動パターンは2つに大別できる。第1は、中露のように、一定のワクチン開発能力は保持していたが、そのワクチンの能力が、頻繁に変異するＣＯＶＩＤ-19ウイルスに追い付けなかったケースである。中露の場合、ワクチン外交は初動こそ早かったが、対「グローバルサウス」宣伝工作は思ったほど成果を収めなかった。その理由の一つはワクチンの効果が限定的であったことだったと思われる。

第2は、米国のように、国内で多数の感染者・死亡者が発生したため、当初は国内対策に集中せざるを得ず、ワクチン外交の初動が遅れたケースだ。しかし、高度の遺伝子技術を駆使した効果的な米国製ワクチンの評価が高まるにつれ、多くの「グローバルサウス」諸国が入手を希望するようになった。明確な政治宣伝の意図がなくても、結果的に米国の対「グローバルサウス」外交は一定の成果があったと言えるだろう。

②自国開発不可能・製造可能国

インドのように、国内に自前のワクチン開発能力はないが、ワクチンを作る技術レベルと製造能力の高いケースである。インドの場合は、国内で多数の感染者・死亡者が出たにもかかわらず、トップの政治判断で「グローバルサウス」諸国に対し一定の役割を果たそうと試みている。結果的にインドの対外供給量は米中露に及ばなかったが、インドの「ワクチン外交」の努力はある程度評価すべきである。

③開発製造とも不可能国

最後は、日本や多くの欧州諸国のように、ワクチンの開発能力も製造能力も高くないケースだ。こうした国々は、米国等からワクチンを入手しつつ、その一部を「グローバルサウス」に供与するという、難しい外交を迫られた。今後この種の「ワクチン外交」を展開するには、自国の感染爆発を最小限に止めつつ、日頃から自前のワクチン開発技術と生産能力の維持・向上が不可欠のようである。

以上を総合すれば、コロナ禍のような混乱が生じた際、先進国側が「グローバルサウス」各国の社会格差解消に貢献することは決して容易でないことが分かるだろう。また、そもそも、「グローバルサウス」といっても、各国の内政や統治機構、社会情勢はまちまちで、国内のルールや解決策も共通ではない。仮に「グローバルサウス」諸国同士で一定の協力が可能でも、それだけで各国の社会的課題の解消が進むわけではないようだ。

第五章
文化的側面

文明間の相違は現実であるばかりか、基本的なものだ。文明は歴史、言語、文化、伝統、そして最も重要である宗教によって互いに区別される。……かかる相違は何世紀にもわたり積み重ねられてきたもので、すぐに消えることはなく、政治イデオロギー・体制の相違よりはるかに根源的である。……文明間の相違は、何世紀にもわたり、最も長期的かつ暴力的紛争を生み出してきた。

（サミュエル・P・ハンティントン、「文明の衝突？」、1993年、フォーリン・アフェアーズ誌）

「グローバルサウス」と「文化」について書き始める際、真っ先に考えたのはハンティントンの「文明の衝突?」を読み直すことだった。筆者が彼の主張を勝手に要約すれば、「冷戦終結後の世界において、西欧、中国、日本、イスラム、ヒンドゥー、スラブ、ラテンアメリカ、アフリカなどの異なる文明圏間で対立が深まり、その断層線（fault line）で紛争が起きる」ということに尽きる。

ハンティントンの議論は発表直後から大いに注目され、世界中で賛否両論が巻き起こった。一般読者はこうした単純化された議論を概ね歓迎したようだが、米国内外の識者の中には「文明衝突論」そのものを強烈に批判する声も少なくなかった。例えば、次のようなものがある。

- 多様性は世界のほとんどの文化の特徴であり、西洋文明も例外ではない。「文化」により西洋民主主義への歴史的コミットメントを説明し、それを非西洋の伝統と対比させるのは大きな間違いである。
- 「文明の衝突」の概念は、冷戦後、ソ連がもはや脅威ではなくなったためにアメリカが新たに必要とする「あらゆる残虐行為を正当化する」手段の一つである。

- 現代には明確な文化的境界など存在しない。アメリカとサウジアラビアの関係などを考慮すれば、「文明の衝突」を示す証拠なるものには説得力がない。
- カトリックとプロテスタントのヨーロッパは民主主義に向かうが、東方系キリスト教とイスラム教のヨーロッパは独裁を受け入れる、とするハンティントンの考えは「極端な文化決定論」である。

さてさて、なるほど。しかし、これはどう考えたものか？

文明の衝突「イスラムと中国」

筆者にはハンティントンの主張を受け入れるナイーブさも、これに論駁できる知見もない。だが、一つ気になったのは「イスラム圏と中華圏の関係」に関する議論だった。ハンティントンは「イスラム文明は中国の潜在的な同盟国であり、特に、兵器の拡散、人権、民主主義といった分野で、中国とイスラムは西側諸国と対立する共通の利害を有しており、協力は可能」というのだが、こればかりは筆者の皮膚感覚とやや異なる。

ここからは筆者が実際に経験した「イスラムと中華」の関係について話そう。筆者が初めて中国の新疆ウイグル自治区を訪れたのは、北京に赴任して2年目の２００２年春だった。

当時、在北京日本大使館の文化担当公使として、国立「新疆博物館」での文化無償援助関係機材の引き渡し式に出席するためだった。博物館の館長は漢族だったが、副館長以下の職員の多くはウイグル族だったと記憶する。

式典の前に博物館の展示を見学したが、ウイグルの博物館なのにイスラム関係の文物はほとんどなかった。「改装中」との説明は受けたが、展示品も説明内容も漢、唐、清など各王朝時代の漢文化ばかりで、ウイグル文化に関する展示や説明は全くなかった。博物館のウイグル人館員との会話もすべて中国語だ。筆者は一計を案じ、研修語だったアラビア語でコーランの一節を吟じたが、何とウイグル人はそれを理解してくれた。

その時、「今は中国の一部だが、ウイグル人も同じ中央アジアのムスリムなのだ」と実感した。地元のレストランに入ればメニューにアルコールや豚肉類はない。市内中心部では大きなアラビア文字のウイグル語に小さく漢字が添えられた広告や宣伝が主流だった。ところが、今は様変わり。町の中心部では漢族が圧倒的に増え、ほとんどの看板・広告は漢字だけで書かれていた。ウイグル自治区の「漢化」は不可逆的だと感じた。

これを「文化的ジェノサイド」と呼ぶかどうかは別として、ウイグル自治区での「イスラムと中華」の力関係は逆転しつつあるようだ。これが事実だとすれば、同じような摩擦現象は、アフリカの土着宗教、キリスト教、イスラム教、ヒンドゥー教、仏教など、恐らくほとんどの宗教間で起きているに違いない。ハンティントンの主張が全く「間違いだ」と言い切ることはできない、というのが筆者の偽らざる本音である。

それでも敢えて分類すれば

そうであれば、「グローバルサウス」を文化、特に宗教面から分類することも全く無意味ではないだろう。本章では再び一定の単純化をご容赦頂き、敢えて文化的側面から複雑かつ多様な「グローバルサウス」諸国の分類を試みる。具体的には、「キリスト教文化圏」か、「イスラム文化圏」か、「それ以外の文化圏」かを縦軸に、前章で使った「低所得国」か、「下位中所得国」か、「上位中所得国」か、「高所得国」かを横軸として、「グローバルサウス」諸国を大まかに12のタイプに分類してみた。これまた、「頭の体操」用の戯言に近いものだが、結果は表3の通りである。

こうして表に纏めてみると、「グローバルサウス」内の文化的分布の多様性は一目瞭然だろう。前章で分析したＢＲＩＣＳ９カ国も、キリスト教圏、イスラム圏、ヒンドゥー圏、中華圏の４つに大きく分かれている。しかも、同じキリスト教でも、ブラジルはカトリック、

●表3 「グローバルサウス」諸国の文化圏と1人当たり所得による12分類

＊国名の前の数字はGNIランキング、国名の後の数字は世界民主主義指数

	低所得 26	下位中所得 48	上位中所得 41	高所得 18
イスラム文化圏 42	179 スーダン 158 183 マリ 137 184 ブルキナファソ 133 185 ガンビア 187 チャド 161 190 ソマリア 191 ニジェール 141 192 シエラレオネ 192 シリア 163 197 アフガニスタン 167 イエメン 154	126 ヨルダン 122 133 エジプト 127 135 チュニジア 138 モロッコ 145 バングラデシュ 151 ウズベキスタン 148 155 モーリタニア 164 キルギス 109 165 セネガル 167 コモロ 122 168 パキスタン 118 169 タジキスタン 155 174 ミャンマー 166	79 マレーシア 40 80 トルコ 83 モルディブ 84 カザフスタン 120 96 リビア 157 106 アゼルバイジャン 130 113 イラク 128 120 アルジェリア 110 125 イラン 153 123 インドネシア 56 トルクメニスタン 162	12 カタール 111 24 アラブ首長国連邦 125 29 クウェート 114 37 ブルネイ 44 サウジアラビア 150 45 バハレーン 139 56 オマーン 119
キリスト教文化圏 66	176 レソト 71 177 エチオピア 116 180 ルワンダ 117 180 ウガンダ 南スーダン 188 コンゴ民主共和国 160 a 194 モザンビーク 113 198 ブルンジ 147 キューバ 135 エリトリア 152	127 カーボベルデ 128 フィリピン 53 131 ミクロネシア 132 サモア 134 エスワティニ王国 132 137 キリバス 139 バヌアツ 140 ボリビア 144 ホンジュラス 146 パプアニューギニア 72 150 コンゴ共和国131 152 ガーナ 65 153 ニカラグア 153 ソロモン諸島 156 東ティモール 45 157 アンゴラ 159 ケニア	74 コスタリカ 17 76 アルゼンチン 54 77 セントルシア 78 メキシコ 85 セントビンセント及びグレナディーン諸島 87 グレナダ 88 ドミニカ共和国 61 89 ブラジル 51 90 ドミニカ 92 ガボン 146 95 ボツワナ 96 マーシャル諸島 99 ツバル 101 ベリーズ 103 ペルー 104 コロンビア 55	50 プエルトリコ 54 ナウル 58 バルバドス 60 キュラソー 65 ウルグアイ 14 66 パナマ 48 67 トリニダード・トバゴ 43 70 チリ 25 72 ロシア 144

		162 ハイチ 129 162 ジンバブエ 122 172 ギニア 145 173 ザンビア 174 タンザニア ベネズエラ 142	105 南アフリカ 47 109 パラグアイ 110 ジャマイカ 45 114 グアテマラ 117 赤道ギニア 156 119 トンガ 122 エルサルバドル 123 ナミビア 57	
その他の文化圏 **25**	178 トーゴ 126 **b** 182 ギニアビサウ 140 **c** 194 マダガスカル **d** 196 中央アフリカ共和国 164 **e** 韓国 165	130 ベトナム 136 136 レバノン 112 141 ブータン 142 スリランカ 70 147 コートジボワール **f** 148 インド 41 158 ラオス 159 160 ナイジェリア 104 **g** 161 カンボジア 121 166 カメルーン 138 **h** 169 ベナン **i** 171 ネパール	75 中国 148 81 モーリシャス **j** 102 タイ 63 116 スリナム 49 **k** 121 モンゴル 59 114 フィジー **l**	11 シンガポール 69 61 ガイアナ 67 **m**

a カトリック教会を中心としたキリスト教が50%、アニミズムが48%、イスラム教が２%
b 宗教はキリスト教が47%、伝統的宗教が33%、イスラム教が14%
c 現地宗教が40%、イスラム教が50%、キリスト教が10%
d 人口の半分は伝統宗教、半数はキリスト教徒
e 伝統的宗教が24%、プロテスタントが25%、ローマ・カトリックが25%、イスラム教が15%、その他が11%
f 北部中心にイスラム教が38.6%、南部中心にキリスト教が32.8%、土着伝統宗教が11.9%、無宗教が16.7%
g イスラム教が５割、キリスト教が４割、土地固有の伝統信仰が１割
h キリスト教が人口の約40パーセント、イスラム教が約30パーセント、アフリカの伝統宗教（アニミズム）が約30%
i 42.8% がキリスト教徒、24.4% はムスリム、17.3% はヴォドゥン、６% は地域伝統信仰
j ヒンドゥー教が52%、キリスト教が28.3%、イスラム教が16.6%、その他3.1%
k キリスト教が40%、ヒンドゥー教20%、イスラム教が14%、不明16%、その他10%
l キリスト教が52.9%、ヒンドゥー教38.2%、イスラム教が7.8%
m ヒンドゥー教28.4%、プロテスタント16.9% で、カトリックが8.1%、イスラム教7.2%、英国教会6.9%、その他のキリスト教が25.5%

ロシアは東方正教会、南アフリカはプロテスタント系が多く、エチオピアはコプト系だ。BRICSだけでも、まるで絵に描いたかのように見事に分かれている。

その点はイスラム圏も同様で、シーア派ペルシャ語のイランと、スンナ派アラビア語のエジプト・アラブ首長国連邦では、文化・言語がまるで違う。これに、ヒンドゥー圏のインドと中華圏の中国が加わるのだから、拡大BRICSといっても、その文化的共通性は殆ど見られない。やはり、文化面から見てもBRICSは「一枚岩」どころか、相反する思惑を秘めた国々の主導権争いの場なのだ。ここでも表3の右下から順に見ていって欲しい。

タイプA　その他（非キリスト教・非イスラム教）・高所得

タイプAはキリスト教圏・イスラム教圏に属さない国で1人当たりGNIが高いグループだが、実はシンガポール（11-69〔所得ランキング11位、民主主義指数69位、以下同じ〕）とガイアナ（61-67）の2カ国しかない。両国とも多民族・多宗教国家ながら、高い国民所得を維持する「優等生」ではあるが、「グローバルサウス」内で指導的役割を果たすような国ではない。

タイプB　キリスト教圏・高所得

タイプBは国民の多数がキリスト教を信仰し、1人当たりGNIが高いグループであり、具体的にはプエルトリコ、ナウル、バルバドス、キュラソー、ウルグアイ、パナマ、トリニダード・トバゴ、チリといった中南米諸国ばかりだ。ここに何故かロシアが入っているのはご愛敬だが、ロシアを除けば、このグループも、タイプAと同様、優等生の小国が多く、「グローバルサウス」内での指導力を発揮するのは難しいだろう。

タイプC　イスラム教圏・高所得

タイプCはイスラム教国で、1人当たりGNIが高い国を中心としたグループであり、具体的には湾岸協力評議会（GCC）の富裕アラブ諸国とブルネイがある。第三章でも指摘した通り、アラブ産油国を「グローバルサウス」諸国に含めるべきかについては議論もあるだろうが、この富裕なイスラム教君主制独裁国家グループからアラブ首長国連邦とサウジアラビア（現在検討中）が拡大BRICS参加を表明したことは重要である。

タイプD　イスラム教圏・上位中所得

タイプDは、同じイスラム圏のタイプCほど高所得ではないが、中所得国の中では上位に属する「準優等生」11カ国のグループだ。具体的には、マレーシア、トルコ、モルディブ、カザフスタン、リビア、アゼルバイジャン、イラク、アルジェリア、イラン、トルクメニスタン、インドネシアである。各地域の有力国で、それなりに存在感がある国が多い。

タイプDで注目すべきは、非アラブ・スンナ系のトルコ、非アラブ・シーア系のイラン、中東アフリカではない非アラブでスンナ系のインドネシアという3つの有力なイスラム教国が入っていることだ。この11カ国にタイプCの富裕エネルギー産出イスラム教国7カ国が加われば、比較的裕福で国力あるイスラム教国は18カ国となり、政治的、経済的に強力な勢力が生まれ得るので、要注意だろう。

タイプE　キリスト教圏・上位中所得

タイプEに属する国は筆者の計算では24カ国ある。これらの多くは「中所得国の罠」から抜け出せないでいる中南米諸国、太平洋島嶼国と一部のアフリカ諸国であるが、同時に、このタイプEには、一時はBRICS加盟を真剣に検討したアルゼンチン、BRICSオリジナルメンバーのブラジル、ＢＲＩＣＳの5番目の参加国である南アフリカに加え、メキシコも含まれている。これらのキリスト教国がどれほど結束できるかは未知数だが、「グローバルサウス」の中では、キリスト教諸国が66カ国という最大集団であることを忘れてはならない。

タイプF　その他・上位中所得

タイプＦは6カ国あるが、多宗教国家であるため便宜上「その他」に分類したモーリシャス、スリナム、フィジーを除けば、残りはアジアの中国、タイ、モンゴルの3国である。しかも、これらの国々の文化的背景は中華、仏教、チベット仏教とそれぞれ異なっており、このグループが一体となって「グローバルサウス」内で指導的役割を果たすとは思えない。

タイプG　その他・下位中所得

タイプＧは12カ国あるが、多くはインド亜大陸、アフリカ、東南アジアの小国で、それぞれ文化的、宗教的背景もまちまちであり、グループに文化的な一体感は感じられない。このタイプには、中国に近いラオスとカンボジア、中国と距離のあるベトナムという3つのＡＳ

EAN諸国、ブータン、スリランカ、ネパールなどの南アジア諸国やナイジェリア、カメルーン、ベナンなど多宗教のアフリカ諸国が含まれるが、その中でも影響力が抜きん出ているのはインドだけである。

タイプH　キリスト教圏・下位中所得

タイプHはキリスト教国ではあるが、1人当たりGNIもまだまだの国々グループで、筆者作成のリストでは全体で23カ国もある。タイプEのキリスト教・上位中所得の24カ国を加えれば、キリスト教・中所得国は全体で47カ国となり、「グローバルサウス」の中で、少なくとも「数」の上では、最大勢力となり得る規模となる。他方、このタイプも、タイプGと同様、比較的貧しい中南米諸国、太平洋島嶼国、アフリカ諸国からなっており、「グローバルサウス」のキリスト教圏を引っ張っていくような国はあまり見当たらない。

タイプI　イスラム教圏・下位中所得

タイプIは、タイプG、Hと同程度に貧しいが、文化・宗教的にはイスラム圏に属するグループであり、全体で13カ国ある。このタイプには中東、アフリカ、中央アジア、南アジアの比較的貧しいイスラム諸国が含まれているが、その中では最近BRICSに参加したエジプト以外に、「グローバルサウス」のイスラム諸国をリードできそうな国は見当たらない。また、「グローバルサウス」のイスラム圏は全体で42カ国あり、キリスト教圏に次ぐ大勢力ではあるが、中身は圧倒的な経済力を誇るサウジアラビア、UAEといった湾岸富裕産油国から、スーダンやアフガニスタンなどの最貧国まで多様多彩だ。これらイスラム教圏内で政治・経済的利益の一致を図ることは決して容易ではなかろう。

タイプJ　イスラム教圏・低所得

タイプK　キリスト教圏・低所得

タイプL　その他・低所得

最後の3つのタイプはいずれも「グローバルサウス」の中で最も所得の少ない最貧国であるが、その中で最も注目されるのが最近「低所得国」からBRICSに初めて参加した、タイプKのエチオピアである。但し、キリスト教国とはいえ、エチオピアは初期キリスト教の流れを汲む「コプト系」のキリスト教国であり、他のキリスト教国を糾合する力は期待できない。いずれにせよ、タイプJ、K、Lの国々が「グローバルサウス」内で指導力を発揮する可能性は低い。

以上を纏めれば、これら12のタイプの中で有力と思われる国々は次の通りである。イスラム教圏では、タイプC「高所得」のサウジアラビアやUAEなど富裕湾岸アラブ諸国、タイプD「上位中所得」のトルコ、イラン、インドネシア、更に、タイプIの「下位中所得」のエジプトであろう。また、キリスト教圏ではタイプE「上位中所得」のアルゼンチン、ブラジル、南アフリカ、メキシコが有力であり、イスラム教圏、キリスト教圏にも属さない「その他」では、タイプFの「上位中所得」である中国と、タイプGの「下位中所得」のインドやベトナム等に限られてくるのではないか。

OICの重要性

イスラム教圏を代表する様々な国際機関や組織の中で最も重要なのがOIC（イスラム協力機構）である。かつては「イスラム諸国会議機構」と呼ばれていたが、2011年に「イスラム協力機構」と改称された。OICはイスラム諸国を加盟国とする国際機構であり、国連にも常駐代表を送っている。その目的は「イスラム諸国の政治的協力、連帯の強化、イスラム諸国に対する抑圧への反対、解放運動への支援」とされている。

加盟国はイスラム教徒が国民の多数を占める西アジア、北アフリカ、西アフリカ、東アフリカ、中央アジア、南アジア、東南アジアなどの57カ国であり、一応は世界で十数億人以上いるイスラム教徒の大部分をカバーしている。なお、加盟国は必ずしもイスラム教徒が大多数を占める必要はなく、一定の少数派イスラム教徒人口があれば加盟可能とされるが、実際には、国内に一定以上のイスラム教徒を抱えるエチオピア、タンザニア、インド、中国などはＯＩＣに加盟していない。

ＯＩＣの首脳会議は3年に1回、外相会議が年に1回開催され、その決定はイスラム世界全体の共通の意向を示すものとして一定の影響力をもつとされている。決定はコンセンサスが原則であり、加盟国同士の紛争や加盟国間の利害が一致しない微妙な問題については決定されないことも多いようだ。事務局はサウジアラビアのジッダにあり、日本政府も在ジッダ総領事をＯＩＣ日本政府代表に任命している。

このように、ＯＩＣはその名称が暗示するほど「イスラム教諸国」を代表する有力組織とは言い難い。他方、ＯＩＣは付属の専門機関として、イスラム開発銀行、イスラム連帯基金、イスラム教育・科学・文化機構、国際イスラム通信機関などを有している。その意味では、

ＯＩＣがこれらの活動を通じて「グローバルサウス」のイスラム教圏に対し一定の影響力を持っていることも否定できない。

「バチカン」の重要性

ローマ市内の一角に「バチカン」と呼ばれる、面積は小さいが「グローバルサウス」を考える上で重要な宗教的領域がある。「バチカン」とは、カトリックの総本山である「教皇聖座（Holy See）」と「バチカン市国（Vatican City State）」の総称だ。バチカンという宗教組織が、実は「グローバルサウス」の文化的側面に大きな影響力を持ち得ることは、残念ながら、一神教の世界に属さない日本ではあまり知られていないようだ。

「教皇聖座」は宗教機関であるが、同時に国家的性格をも有しており、国連など多くの国際機関に「教皇聖座」又は「バチカン市国」として加盟又はオブザーバー参加している。一方、「バチカン市国」とは、「教皇聖座」に居所を提供している領域としての国家である。バチカンの「政府」に相当するのはローマ教皇庁であり、その中に外交を担当する外務庁や大使人事等を扱う在外公館担当庁等が置かれている。

「グローバルサウス」のキリスト教圏は60カ国以上あるが、そのかなりの部分はローマ・カトリック系キリスト教国である。現在全世界のカトリック信徒数は14億人程度いるといわれており、カトリック教徒だけで全世界のイスラム教徒の人口にほぼ匹敵する。地域別では、南北アメリカに5億2000万人、ヨーロッパに2億8000万人、アフリカに1億3000万人、アジアに1億7000万人、オセアニアに800万人となっている。

アメリカ大陸で多いのは中南米地域で、特にメキシコ、ブラジル、アルゼンチン、コロンビア、パラグアイに多い。また、アジアでは旧スペイン領のフィリピンと旧ポルトガル領の東ティモールに多い。一方、中東北アフリカ地域にカトリック系は殆どおらず、サブサハラでは、旧フランス・ベルギー植民地であるコンゴ民主共和国、ルワンダなどアフリカ大陸中部を中心に分布するが、その人口規模は中南米諸国ほど大きくない。

バチカンは、現在台湾を含む184の国・地域等と正式な外交関係を有し、特に、1980年代末以降、東欧諸国と相次いで外交関係を開設・再開している。最近では、イスラエル、ロシア、マレーシア、モーリタニア、ミャンマーと順次外交関係を樹立したが、従来の経緯もあり、中国、ベトナム、サウジアラビア等とは今も外交関係を持っていない。ではなぜ、バチカンは「グローバルサウス」との関係で重要なのだろうか。

バチカンとアフリカ

アフリカを例に説明しよう。バチカンといっても組織自体は小さいので、教皇庁やバチカン市国関係者が直接援助を実施するわけではない。バチカンの強みは、世界各国で活動するカトリック系援助団体（ＦＢＯ、「信仰を基盤とする団体」の意）の存在である。しかも、普通の国の外交使節とは違い、ＦＢＯは活動する国が如何なる危機に瀕しようとも、最後までその現場を離れないのが原則である。

ＦＢＯは世界のあらゆる地域のコミュニティに様々な社会的支援を提供している。しかも、ＦＢＯの関係者はそれぞれの現地社会事情に精通し、地域社会にも深く食い込んでいる。ＦＢＯは最も脆弱な状況にある人々に対し、危険があっても、最初に現地入りし、最後に撤退するまで、現地に必要なサービスを提供している。だからこそ、ＦＢＯは現地社会から絶大な信頼を得ているのだ。

例えば、アフリカではブルンジ（カトリックの割合59％、以下同じ）、アンゴラ（58％）、ガボン（55％）、南スーダン（52％）、コンゴ（民）（50％）などでＦＢＯは積極的に活動を続けている。活動で得られた情報は当然バチカンにも報告され、そこで将来の対アフリカ重点プロジェクトが策定されていくのだ。バチカンは、日本人が想像する以上に、「グローバルサウス」と緊密な関係を維持している。

バチカンと中国の微妙な関係

バチカン外交の目的は「キリスト教精神を基調とする正義に基づく世界平和の確立、人道主義の昂揚」とされており、従来は政治的に機微な問題にあまり深入りしてこなかったが、その例外の一つが対中関係だ。既に述べた通り、バチカンは、欧州で唯一、台湾と外交関係を維持しているが、同時に、外交関係のない中国との関係についても、これまで中国に対し様々な働きかけを行ってきた。

中華人民共和国はバチカンの宗教的権威を認めず、中国政府が公認する教会のみに宗教活動を認めてきた。ところが、中国にはローマ教皇に忠誠を誓うカトリック信徒が集まるいわゆる「地下教会」が存在し、中国政府側の「公認教会」と対立が続いている。２０１８年には中国・バチカン間で「中国側が国内の司教候補者を選んでバチカンに通達し、ローマ教皇が承認する」暫定合意が結ばれ、2年ごとに延長されてきている。

現在バチカンは、弾圧されている中国の地下教会者の救済やバチカンのアジアでの影響力拡大を念頭に、中国との関係改善を模索している。一方、こうした動きに対しては、新疆ウイグル自治区でのイスラム教徒人権侵害など「中国の宗教弾圧を黙認するもの」といった批判が欧米には根強い。この問題は、バチカンの対中外交関係樹立や台湾との断交の可能性などにも直結する機微な問題であり、国際政治的にも注目されている。

要するに、バチカンのカトリック信徒に対する影響力に鑑みれば、その「中国観」の変化は、欧州だけでなく、「グローバルサウス」諸国のカトリック信徒の「中国観」を大きく左右する可能性がある、ということだ。しかも、バチカンは、ＯＩＣのような緩やかな国際機構とは異なり、小さいながらもローマ教皇を頂点とする主権国家としての組織力、実行力がある。ちなみに、日本はバチカンに専属の大使館を置いている。

第五章のまとめ

以上を纏めれば次のようになる。文化・宗教の視点で「グローバルサウス」を分類すれば、①キリスト教圏で有力なのがブラジル、アルゼンチン、南アフリカ、メキシコと番外編のロシア、②イスラム教圏ではサウジアラビア、ＵＡＥ、インドネシア、トルコ、イラン、③キリスト教圏でもイスラム教圏でもない国の中では、インド、中国、ということだ。

逆に言えば、それ以外の「グローバルサウス」、特にキリスト教圏とイスラム教圏には一定のまとまりがあるものの、それらのグループに強力なリーダーがいなければ、ロシア、中国、インドなど大国間競争の「草刈り場」となる可能性があるということ。この点は既に指摘した通りである。

そうであれば、「グローバルサウス」なる存在も、文化・宗教的に見れば、やはり「一体性」を欠いた勢力に過ぎないのではないか。「グローバルサウス」には、旧宗主国や欧米主導の世界秩序に対する憤怒、嫌悪、違和感を持つこと以外に、全体を糾合するような普遍的な思想、信条、文化、宗教などは存在しないようである。では、以上を踏まえ、日本は「グローバルサウス」に何をすべきなのだろうか。

第六章

日本はどう関わるべきか

我が国は、グローバルサウス諸国を、日本と共に成長し、未来を創っていくパートナーと位置付けています。このため、脱炭素化や経済・産業の多角化・強靭化を協力して目指すとともに、様々な課題に直面する脆弱な国々に寄り添い、多岐にわたる分野において、重層的な協力を進めています。

このような協力は、我が国の経済安全保障面を含めた国益にかなうとともに、人間の尊厳を守り、国際社会における分断と対立の動きを、協調へ導くものとなります。

（岸田文雄首相、２０２４年6月11日、第2回グローバルサウス諸国との連携強化推進会議で

の発言）

上から目線の「グローバルサウス」観

２０２３年10月、漸く日本政府が「グローバルサウス」との連携に動き出した。岸田内閣は「我が国とグローバルサウス諸国との連携を強化し、我が国経済の振興等を図る観点から、連携強化策について関係省庁で検討するため、グローバルサウス諸国との連携強化推進会議」の開催を決定した。

同会議には、議長に内閣官房長官、議長代行に内閣官房副長官（衆）、副議長に２人の内閣官房副長官補（内政、外政担当）を充て、関係各省局長を構成員としている。霞が関的に言えば、かなり重量級の政府部内会議である。これを前提に、関連文書を丁寧に読めば、岸田内閣が「グローバルサウスとの連携」を如何に重視し、これと真剣に取り組もうとしているかが行間から読み取れる。

同推進会議の第２回会合が２０２４年６月、「グローバルサウス諸国との新たな連携強化に向けた方針」を決定した。決定文書では、従来の開発・産業協力が日本に対する「各国からの揺るぎのない信頼」に繋がったと回顧し、国際社会に「分断と対立の動き」が生じる中、

「世界各国の現在の決断や取組は、今後の世界を長期にわたり規定する」と述べ、「グローバルサウス諸国との連携の重要性」につき、次の通り論じている。

・グローバルサウス諸国は、（筆者注：歴史・文化的背景は多様だが）豊富な天然資源や人口増加を背景として、近年経済力を向上させるとともに、今後長期にわたり経済的なプレゼンスを高めると予測されており、今後益々国際場裡における存在感を増していくとみられる。

・食料・鉱物資源・エネルギー等を海外からの輸入に大きく依存する我が国にとっては、グローバルサウス諸国との協働、そしてグローバルサウス諸国の脆弱性の克服をサポートしながらその活力を取り込むことが、経済発展や経済強靭化にとって不可欠。

・特に、半導体や蓄電池などの戦略・重要物資の生産には、ガリウム、ゲルマニウム、リチウム、ニッケル、コバルトといった重要鉱物が不可欠であり、そのサプライチェーンの途絶は、我が国の産業競争力を削ぎ、経済安全保障を脅かし、ネットゼロなど地球規模課題への対応をも危うくしかねないことから、探鉱・採掘から精製・加工、輸送、最終製品の生産まで目配りした対応が求められる。

・グローバルサウス諸国を共創のパートナーとすることは、我が国の経済成長や経済安全保障面を含めた国益を実現していく上で極めて重要。また、グローバル・ガバナンスは、経済のみならず、歴史、文化、宗教、政治体制などの多様性を認めながら、世界各国とともに実現していく必要がある。

・そのため、置かれている状況が異なるグローバルサウス諸国を共創のパートナーとすることは、国際社会における分断と対立の動きを協調に導く上でも極めて重要。……

官僚的作文としてはほぼ完璧に近い内容なのだろう。だが、どこか重要な視点が欠けている気もする。そもそも「グローバルサウス」諸国は、「日本の経済成長」といった日本の「国益実現」のために、日本との「共創パートナー」となることを本当に望んでいるだろうか。彼らの本音はあくまで「日本を含む『西側』中心の国際秩序を廃止し、これに代わる、より公平で平等な新国際秩序を創造する」ことではないのか。

日本経済界の視点

続いて、日本の経済界の動きも見ていこう。本章冒頭で紹介した日本政府の問題意識に呼応するかのように、日本の経済界でも最近「グローバルサウス」問題に対する関心が高まっている。その典型例が、2024年4月に経団連が発表した「グローバルサウスとの連携強化に関する提言」である。同提言の一部は既に第四章で触れているが、同提言はA4で26頁もある包括的な内容となっている。

タイミングも絶妙だった。政府の「グローバルサウス諸国との連携強化推進会議」の第1回開催が2023年10月、第2回会合での方針決定が24年6月だったから、その2カ月前にこの経団連の提言が発表されたことは、極めて時宜を得たものといえるだろう。日本政府の文書と内容的に重複する部分もあるが、経団連の提言の骨子は次の通りだ。（傍線は便宜上、筆者が付している）

問題認識

- 近年の世界での対立・分断は、サプライチェーンの分断、投資の国内回帰、食料・資源・エネルギー供給の不安定化等を引き起こし、当事国・地域のみならず、グローバルサウスと称される途上国・新興国地域にも大きなマイナスの影響を及ぼしている。
- これらの問題解決にあたって、特にグローバルサウスの視点に立った真に包摂的かつ継続的なアプローチが求められるが、同時にグローバルなパワーバランスもグローバルサウスへとシフトしている。

- ＯＥＣＤ加盟国が世界経済に占める割合は、１９９０年の82・２％から２０２２年には59・０％となったが、少子化対策や外国人受入れの効果が表れるまでの間は国内市場が縮小していくことを前提に必要な施策を講ずる必要がある。
- 日本は、特定国・地域に過度に依存しない形で「リ・グローバリゼーション」を進め、出来る限り自由な貿易・投資を通じて海外の活力を取り込むことが不可欠である。
- また、食料（飼料を含む）・資源・エネルギーの安定供給を確保するため、サプライチェーンの強靭化に向けた連携の輪をグローバルサウスの国々にも広げていく必要がある。
- 日本は法の支配に基づく自由で開かれた国際秩序の再構築に取り組むとともに、課題先進国として、その知見と経験をグローバルサウスの社会課題解決に活かす必要もある。
- こうした地道で誠実な取組みを通じて、国際社会、特にグローバルサウスから「必要な国」として選ばれることが求められている。

提言内容

グローバルサウスとの連携強化には次の３つの視点が重要である。

①日本の国益確保という視点

２０５０年に世界人口の３分の2を占めるグローバルサウスの活力取り込みは日本にとって死活的。また、食料・資源・エネルギーの豊富なグローバルサウスは、それらの安定供給確保、即ち経済安全保障の確保という観点からも不可欠なパートナー。

主要穀物の多くは輸入しており、とうもろこし（主に飼料用）は約１００％輸入のうち26％を、大豆は93％輸入のうち15％をグローバルサウスに依存する。

鉱物資源はほぼ１００％輸入に依存しており、例えば、リチウムにおいては34％を、ニッケルにおいては30％をグローバルサウスに依存する。

エネルギーも、原油はほぼ１００％海外に依存し、うち中東に94％を依存する。天然ガスも１００％近くを海外に依存し、約40％をグローバルサウスから輸入している。

グローバルサウスとの連携により、日本企業の技術力向上や日本での新たな事業・サービスの創出につながり、ひいては持続的成長にも寄与することも期待される。

②国際秩序の維持・強化という視点
国際場裡における地位が向上しつつあるグローバルサウスとの連携強化は、法の支配に基づく自由で開かれた国際秩序の維持・強化に不可欠。
インドはグローバルサウスの発言力向上をリードしているが、拡大BRICSもGDPで世界の約28%、原油生産量で約44%を占め、一つの極を形成しつつある。
③グローバルサウスが直面する社会課題の解決という視点
グローバルサウス各国・地域が抱える自然災害、紛争、難民、食料・医療不足など深刻な社会課題に対し、日本が正面から向き合い、その解決に貢献することは、最終的に日本の国益につながっていく。

以上に加えて、経団連提言は7つの留意点にも言及している。その中で一つだけ気になることがあった。「グローバルサウスの国々に対しては、民主主義などの価値の共有を求めるのではなく、上記（中略）の三つの視点に基づき広く連携を強化していくことが日本の国益に適う。」と言い切っていることだ。経済人の発想としては当然かもしれないが、その断定的口調には、いささか驚いてしまった。

要するに、民主主義が実践されなくても、深刻な人権問題が生じていたとしても、「グローバルサウス」に対しては「民主主義などの価値の共有」は求めるべきではなく、その必要もない、ということなのだろう。しかし、これで本当に良いのだろうか。G7のメンバーである日本は「自由で開かれたインド太平洋」を謳い、普遍的価値の重要性を説いてきたのではなかったのか。筆者は若干違和感を禁じ得なかった。

一方で、「法の支配に基づく自由で開かれた国際秩序の維持・強化」を謳いながら、「グローバルサウス」には「民主主義の価値」を求めない。それって、ダブルスタンダードではないのかね。まさに実も蓋もない留意点ではあるが、経団連という経済団体、経済の視点からの提言ということなのだろう。誤解のないように申し上げるが、筆者の趣旨は決してこれらの提言をあげつらうことではない。筆者の見立てはこうである。

ちょっと、意地悪に聞こえるかもしれないが、以上の政府・経団連の両文書に共通するのは、日本の国益とは、第一義的に「円滑な経済活動が保障されること」であり、それを前提に、食糧、希少金属、エネルギー資源などの重要物資を確保するため、また日本の企業・商品にとって安定した市場を維持するために、「グローバルサウス」との連携を強化すべし、と言っているように聞こえてならない。

勿論、国際秩序の維持・強化や「グローバルサウス」が直面する社会課題の解決などにも言及はあるのだが、その比重は決して大きくない。「取って付けた」とまでは言わないが、どこか、目的が「経済的利益の最大化」だけではないことを示すために付け加えた文言のように聞こえる。少なくとも、ここからは「グローバルサウス」に対する政治、経済、社会、文化を包含する一元的、戦略的なアプローチは見えてこない。

経団連提言の中で特に象徴的だったのは、食糧、レアアース、エネルギーなど重要物資の供給先について次のような注釈があったことだ。

- とうもろこし26％の内訳はブラジル15％、アルゼンチン7％、南ア4％。大豆の15％は全量がブラジル
- リチウム34％の内訳はチリ25％、アルゼンチン9％。ニッケル30％の内訳はマダガスカル22％、ニューカレドニア8％
- 原油はサウジアラビア39％、ＵＡＥ38％、クウェート8％、カタール7％等。ＬＮＧ

はマレーシア17%、パプアニューギニア5%、ブルネイ5%、カタール4%、インドネシア4%、オマーン4%等

要するに、「グローバルサウス」に関する新しい提言を作ったように見えても、実際の内容は、従来同様、「特定の重要産品を供給する途上国を大事にせよ」というメッセージの書き換えに過ぎないのではないか。筆者ですらそう感じるのだから、この提言を読む「グローバルサウス」諸国側だって当然そう思っているのではないか。これでは中国やロシアのアプローチの方がより魅力的に見えても、決して不思議ではない。

「グローバルサウス」諸国は、日本を含む「西側」諸国から従来とは異なる「譲歩」を引き出し、植民地時代から200年以上続く「西側」中心の不公平な国際秩序を、より公平で平等な新たな国際秩序に変えようとしている筈だ。そうであれば、日本は「上から目線」ではなく、日本自身が「グローバルサウス」の「敵対者」にもなり得るという強い危機感から出発して、新たに政策を見直すべきなのかもしれない。

日本は今まで何をしてきたのか

誤解のないよう申し上げるが、日本がやって来たことはダメ、という趣旨では全くない。それどころか、日本のODA（政府開発援助）は、他の欧米諸国に比べ、はるかに理想主義的で、日本の経済的利益など見返りをあまり求めず、政治的、安全保障上の底意も少なく、第一義的に途上国の立場を尊重する形の経済援助だった。この点は、世界に誇れる善意と誠意の支援であり、多くの途上国も認めるところだったと考える。

振り返ってみれば、第2次大戦後日本が途上国などに対する政府開発援助を開始したのは1950年代だった。1977年からは当時の日本の高度経済成長に伴い、ODAの量的拡充が図られ、様々な支援をグローバルに展開するようになった。1989年、日本のODAは「量」的に米国を抜き世界第1位となり、91年から10年間、世界最大の援助国だった。ちなみに、2021年の日本のODA額は世界第3位である。

過去30年の日本のODAの軌跡を簡単に纏めれば次の通りである。

①1992年6月、日本政府はODA大綱を定め、アジア、特にLDC（後発発展途上国）を重視しつつ、環境と開発の両立、軍事的用途への不使用、被援助国の軍事支出と武器輸

出入の動向に注意、途上国の民主化・基本的人権の促進・市場指向型経済の導入への注意などの4原則を掲げ、基本方針を明確にした。92年大綱では、日本の支援に軍事的要素は想定されず、純粋に「飢餓と貧困に苦しんで」いる開発途上国を「人道的見地から」支援し、友好関係を一層増進することが主たる目的であった。

②2003年には新たなODA大綱を定め、特に「国益重視」を明記し、自助努力、人間の安全保障の重視、公平性、日本の経験と知見の活用、国際社会における協調を基本に、重点的課題として貧困削減、持続可能な経済成長、地球的規模の問題への取組み、平和構築の4点を挙げた。この03年改定大綱は、ODAの「軍事用途への不使用」原則そのものは維持しつつも、開発協力は「我が国の国益の確保にとって不可欠」であるとし、初めて日本の「国益を重視する」姿勢に転換した点が重要である。

③更に、2015年2月には開発協力大綱が閣議決定された。同大綱では、非軍事的協力による世界の平和と繁栄への貢献などの従来の方針を確認しつつも、開発協力の軍事的用途及び国際紛争助長への使用を回避する原則は今後も遵守する一方、非軍事目的の開発協力に「軍又は軍籍を有する者が関係する場合には、その実質的意義に着目し、個別具体的に検討する」とした。15年改定大綱では、「軍事的用途等への使用」は回避しつつも、非軍

事目的の開発協力に軍等が関係する場合には、その「実質的意義に着目し、個別具体的に検討」すると踏み込み、実質的に軍に対する協力も行い得るとした点が注目される。

④更に、2023年の改訂大綱では、「自由で開かれたインド太平洋」の推進を念頭に、「外交の最も重要なツールの一つである」ODAのより一層の戦略的活用を図るとともに、別の閣議決定においてこのような開発途上国の経済社会開発を目的とする政府開発援助（ODA）とは別に、同志国の安全保障上のニーズに応え、資機材の供与やインフラの整備等を行う、軍等が裨益者となる新たな無償による資金協力の枠組み（「政府安全保障能力強化支援〔OSA〕」）が新たに導入された。

⑤OSAの導入理由につき外務省は、「我が国が戦後最も厳しく複雑な安全保障環境に置かれる中、力による一方的な現状変更を抑止して、特にインド太平洋地域における平和と安定を確保し、我が国にとって望ましい安全保障環境を創出するためには、我が国自身の防衛力の抜本的強化に加え、同志国の抑止力を向上させることが不可欠」なためと説明している。

他の主要国との比較

こうした動きに対しては、ＯＤＡ本来の趣旨から逸脱しているとの批判もあるが、他の西側主要国は総じてＯＤＡを、人道目的だけではなく、国策の手段として戦略的に活用している。しかも、他国の対外援助の多くは軍事支援を含んでいる。どうやら日本以外の主要国は、軍事援助による途上国の安全保障強化も立派な途上国援助だと割り切っているようだ。

特に、「グローバルサウス」との関係で注目すべきは、中国の対外支援がどの程度効果的であり、どの程度日本を含む西側諸国にとって潜在的「脅威」となり得るかだろう。中国は昔から「グローバルサウス」諸国に対する経済援助には熱心だったが、近年はその増大する経済力を背景に世界各地で開発協力を推進し、２０００年からの10年間で、無償援助額は５倍以上になった。また、援助対象も、カンボジアやミャンマーなどアジア地域の重点国やスーダン、アンゴラなどアフリカの資源国を重視している。

また、日本とは異なり、中国の援助目的は相手国の経済や民生の向上より、中国自身のための資源の確保や援助対象国に対する政治的影響力の拡大を優先している。更に、最近では中国の安全保障上の利益を優先する事例、特に、軍事転用可能な重要港などを担保にスリランカに巨額の高利融資を行い、返済不能となれば港湾の使用権を確保する、「中国の債務の罠」と呼ばれる手法が問題となっている。

日本のとるべき対応

　このような形振り構わない中国の開発援助攻勢に、日本はどう対処すべきだろうか。中国の対外援助の詳細は不透明だが、少なくともプロジェクトの「規模」や「金額」では太刀打ちできそうもない。他方、最近は被援助国も中国のエゲツナイ手法の問題点を徐々に理解し始めたようである。今後中国経済の右肩上がり成長が止まり、資金的余裕もなくなれば、中国は従来同様の開発援助攻勢を続けられなくなる可能性は高い。

　これに対し、日本の開発援助は、中国の対外支援とは異なり、一貫して相手国の自助努力を重視してきた。途上国が自らの力で持続的に成長できなければ、その成長は決して本物ではない。現地の人材や産業を育て、その国の経済成長を通じて、社会の発展を支援することこそ、日本のＯＤＡ政策の基本的理念であったことを忘れてはならないない。

　もう一点、日本のＯＤＡが中国の対外援助と異なる点は、日本の支援が究極的に相手国の経済成長を通じた貧困削減を目指していることだ。日本のＯＤＡで相手国のインフラが整備され、そのインフラを利用し、日本企業が次々とその国に進出し、現地で追加的な雇用が生まれ、これが更なる消費を促進し、経済成長が達成され、人々の生活水準が向上していくことが理想なのである。

勿論、中国の対外支援に全くメリットがないとは言わない。しかし、あまりに中国の利益ばかりを短期間で追求し、「中国の、中国人による、中国のための援助」を押し付けるだけでは、相手国の人々の信頼と尊敬を得ることはできない。結果が出るまでに長い時間がかかるかもしれないが、日本は日本にしかできないやり方でＯＤＡを続けていくことが最も望ましいのである。

続く第二部では、第一部で見てきた「グローバルサウス」諸国の中で重要と思われる国を個別に取り上げ、それぞれについてその虚像と実像を深掘りしていきたい。

第二部

各国編「グローバルサウス」関係主要国の論点

第七章
ブラジル、アルゼンチン、メキシコ

この場におられる日本の経済界の方々にお伝えしたいことは、ブラジルが偉大な国になると決め、先進国になると決め、開発途上国グループから抜け出し、高度の先進国となり、世界6大経済国家の一つになると望んでいることです。ブラジルには法的、財政的、経済的、社会的安定性だけでなく、予測可能性もあります……総理大臣閣下、ブラジルはもう第三世界の国ではなく、開発途上国でもありません。開発途上から今や成長を始めた「グローバルサウス」の誇り高き一国・ブラジルには、より偉大で相応しい地位があるのです。

（ルーラ・ブラジル大統領、2024年5月3日　岸田首相ブラジル訪問の際の共同記者発表での発言）

ブラジル、アルゼンチン、メキシコといえば、中南米のキリスト教（カトリック）地域大国で、民主主義の伝統があり、1人当たりの国民所得も「中の上（上位中所得国）」など、経済発展を続ける中南米の「優等生」国家である。以下に述べる通り、3国に共通するのは、中南米地域が西欧植民地支配を受けたこと、南北米両大陸で圧倒的な優位にある米国から有形無形の政治的圧力を受けてきたことへの不満と懸念があることである。

歴史と政局

コロンブスが新大陸を発見し、コルテスやピサロなどコンキスタドール（征服者）が略奪の限りを尽くした後、スペイン、ポルトガルなど西欧諸国が植民活動を始める前までの中南米は、外的脅威の比較的少ない平和な地域だった。ところが、16世紀以降、まず欧州のグローバルな覇権争いに巻き込まれ、19世紀にようやく独立を達成した後は、今度は米国と欧州諸国の間の地政学的確執に翻弄されるなど、長く苦悩が続いた。

ブラジル、アルゼンチン、メキシコの「グローバルサウス」外交は、基本的にこうした歴史的経緯を踏まえつつも、国民レベルの欧米諸国に対する愛憎と反米・社会主義勢力と親米・保守勢力が対立を繰り返す国内政治を反映したものとなる傾向がある。最近各国で起きた政権交代により、これら3国と「グローバルサウス」の関係が、文字通り「猫の目のように」変わりつつあることも、中南米地域でよく見られる傾向である。

例えば、ブラジルでは2018年の大統領選挙で、中道左派・労働者党候補を破り、「ブラジルのトランプ」とも揶揄された超国家主義・強硬保守派のボルソナーロ候補が当選し、新自由主義的経済政策を進めた。就任当初こそ、14年以来危機にあった経済を立て直し犯罪率も激減したが、20年からはCOVID－19大流行で死者数が激増するなど失政が続いたため、22年の大統領選挙では左派労働者党のルーラ元大統領が勝利した。

通算3期目となるルーラ大統領は、左派労働者党の創始者の一人でもあり、貧困撲滅、労働者階級の地位向上、大規模な社会保障制度の導入など社会主義的政策を進めた。同時に、「ブラジルは帰ってきた」とのスローガンの下、イランの核開発計画や気候変動問題など国際問題にも積極的に発言するなど、「グローバルサウス」での発言力を増しつつある。

これに対し、アルゼンチンでは23年11月の大統領選挙で、左派正義党（ペロン党）の候補を破り、「アルゼンチンのトランプ」なる異名を持つ親米・新自由主義のミレイ候補が大統領に当選した。ミレイ政権は発足早々、フェルナンデス前政権とは外交政策が「多くの面で異なる」ため、政策見直しの一環として、2024年1月1日から「BRICSの正式メンバーとして加わることは適切ではない」との方針を書簡で明らかにした。

大統領選挙中からミレイ陣営は、「BRICSとは『グローバルサウス』の政治的枠組みの強化に重点を置く取り組みであり、ミレイ政権は『加盟する必要性を感じない』」、中国の習近平政権については『共産主義者とは手を組まない』」と述べており、過去30年間、左派政権が長かったアルゼンチンと中国の伝統的に良好な関係は現在変化しつつある。

更に、メキシコでも2024年6月に大統領選挙があり、シェインバウム候補が選出された。新大統領はロペスオブラドール前大統領率いる左派与党「国家再生運動」の候補であり、アルゼンチンのような本格的政権交代はなかった。それでも、24年10月に同国初の女性大統領に就任した後、従来の左派政権の政策を踏襲するか、それとも、メキシコの犯罪問題や財政赤字などにつき抜本的改革を断行するかに注目が集まっている。

また、従来必ずしも明確な立場を明らかにしてこなかった「グローバルサウス」との関係について、最近国連の場でメキシコ政府関係者が「歴史的にも、信念的にも『グローバルサウス』に属するメキシコは『グローバルサウス』の交渉上の立場を強化していく」と発言するなど、政策変更の兆候も見られる。今後、シェインバウム新大統領が如何なる「グローバルサウス」外交を展開していくかも要注意である。

それにしても、同じ南米カトリック教国でありながら、なぜ中南米諸国の「グローバルサウス」に対する姿勢はこれほど揺れ動くのだろうか。この問いに対する答えを中南米が置かれた地政学的環境を踏まえつつ説明しよう。

地政学的環境

地理的には、ブラジルもアルゼンチンも、大西洋を隔てて欧州大陸から遠く、カリブ海を隔てて米国ともかなり距離が離れている。この点では、米国と長い陸上国境を接し、米国経済への依存度が極めて高いメキシコが置かれた地政学的環境とはかなり異なっている。

1776年のアメリカ独立宣言当時、中南米は基本的にスペインとポルトガルの支配下にあったが、ナポレオン台頭後の欧州で政治的混乱が続いたため、1810~20年代には、独立運動が頻発していた中南米の植民地では多くの国が独立していった。

この頃から米国は中南米諸国への影響力を拡大し始める。1823年には第5代モンロー大統領が、「アメリカは欧州諸国に干渉しないが、欧州のアメリカ大陸全域に対する干渉にも反対」する「モンロー宣言」を発表したが、その主目的は中南米へのスペインの介入を排除することだった。

19世紀末には、最後のスペイン植民地キューバの独立運動をアメリカが支援し、1898年の米西戦争では米国が勝利したことで、スペインは南北アメリカ大陸への影響力を事実上失う。これにより、米国は原材料の供給地や工業製品の輸出市場として中南米諸国を重視し、同地域は事実上米国の裏庭となっていった。

南欧ポルトガルとスペインの植民地であった3国は、独立後、軍事独裁政権との確執など混乱はあったものの、程度の差はあれ民主政治が概ね定着しており、基本的には親米・右派保守勢力と反米・左派リベラル勢力の間で政権交代が行われてきた。

3国とも、程度の差こそあれ、「一次産品依存型の脆弱な経済」という植民地時代の負の遺産を引き継いでいる。そのため、一時的に国内経済が発展しても、自然災害や疫病、国際的経済危機といった外的要因により、国内経済成長の持続に必要な「第二次産業」の発展が困難となっている。

また、外交・安全保障の面では、中南米に大規模な戦争や紛争が少ないためか、欧州や中東で危機が発生した際、欧米の主要関係国と適切に意見交換や政策調整するだけの経験や知見が必ずしも十分ではないとの指摘も根強い。

中南米諸国の現状

以上の地政学的分析が正しいとすれば、中南米諸国について次のような仮説を立てることが可能である。

- 現在多くの中南米諸国の社会は、資源価格低下とコロナ禍などで経済的困難にあえぐ貧困層とポピュリスト的傾向のある保守層に分裂しつつあり、両者の格差や対立が近い将来解消される見込みは薄い
- こうした社会的分断が進む中、左派・右派政権が社会主義的政策や新自由主義的改革を早急に進めれば、これに反発する保守勢力・リベラル勢力の声も当然高まるので、政治的・社会的混乱は収まらない
- 最近、メキシコ、チリ、ブラジルなどで格差是正を訴える左派候補が右派候補に勝利する一方、アルゼンチンで右派勢力が政権に復帰したことも、各国で民主主義がある程度機能

していることの結果である

- 一般に、中南米諸国での貧富の格差は構造的なものが多く、急進的に見える左派政権にも国民の支持を得た一定の正統性はある。彼らの親中・親露政策も、実態は、伝統的反米・嫌米感情の反動と見ることも可能である
- この傾向は外交面でも見られ、反米・嫌米勢力だけでなく、親米勢力であっても、今後中露に接近したり、ウクライナ戦争や台湾問題について中露により宥和的な姿勢を示したりする可能性は排除されない

いずれにせよ、問題の本質は中南米各国内の政治・社会的環境を早急に改善することであり、各国政治指導者たちが地道な改革努力を続けない限り、問題は解決されないだろう。

ブラジル内政の悪循環

２０２２年のブラジル大統領選挙で労働者党のルーラ候補が勝利し、２度目の大統領職「返り咲き」を果たしたことは既に述べたが、ここからはＢＲＩＣＳの雄、ブラジルの内政を更に深掘りしていきたい。

①1985年、長く親米反共軍事独裁政権の続いたブラジルはようやく民政移管を果たした。大統領直接選挙が復活して以降、90年、94年、98年の大統領選挙では中道保守候補が勝利し、新自由主義的経済、緊縮財政、親米外交などが進められた。ところが、そうした改革政策の結果、国内では経済格差の拡大と固定化に対する反発が高まり、2002年の選挙では左派労働者党のルーラ候補が勝利する。

②ルーラ大統領は06年に再選され、その後も労働者党の大統領が引き続き「富の再分配を重視する貧困撲滅政策」などを次々と実行したが、その後汚職事件が続発するなどしてブラジル内政は混乱に陥った。そうした経緯もあり、18年の大統領選挙では「ブラジルのトランプ」と揶揄された保守系のボルソナーロ候補が当選し大統領に就任した。

③ボルソナーロ大統領は、新自由主義、緊縮財政、軍政の再評価、親米外交など、従来の労働者党政権とは逆の政策を断行し、一時は国民の評価が高まったこともある。しかし、その後、20年にはコロナ禍の拡大等で人心が離れ、ボルソナーロ大統領の支持率は伸び悩んだ。こうした状況を受け、22年の大統領選では左派労働者党のルーラ元大統領が3度目の当選を果たし、現在に至っている。

以上のように、過去40年間ブラジル内政は、政権党の失政による経済社会の不安定化という悪循環が繰り返された。しかも、そうした「失政」は必ずしも保守系政権によるものだけでなく、例えば、16年のリオ五輪の際は、左派政権の過大なインフラ投資と景気の悪化で国家財政が悪化し、警察官が不足したため凶悪犯罪が増加し、消費が低迷した結果、経済危機が生じた例もある。

こうした経緯もありブラジルでは、18年の大統領選では左派候補が敗北し、22年には再び左派政権が返り咲くなど、今も極端な政権交代が繰り返されている。左右両派による政権交代毎に正反対の政策が実施されることほど理不尽で非効率なことはない。ブラジルの内政混乱を見れば、中南米諸国において「政権交代に伴う負の連鎖」を止めることが如何に難しいか、良く理解できるだろう。

中南米諸国と中国の影響力

中国の中南米「グローバルサウス」に対する影響力は近年急激に拡大している。それは間違いないのだが、同時に、中国の影響力に限界があることも事実である。そのことを最も雄弁に物語るのが、拡大ＢＲＩＣＳ参加合意を直前に撤回したアルゼンチンの決断である。この決断が、選挙による政権交代で誕生した親米・保守派のミレイ大統領による政治判断だったことは既に述べた通りである。

だが、話はここで終わらない。左派政権が親米・保守政権に代われば、中国との関係見直しを期待できるか、と問われれば、答えは「否」だからだ。アンデス諸国産の銅、アルゼンチン産の穀物、ブラジル産の食肉など、中南米諸国からの中国への輸出量は近年急増しており、今やメキシコ以外の中南米諸国にとって中国は米国を上回る最大の貿易相手国となっている。

更に、中国は中南米諸国に対し大規模な投資や低利融資も行っている。巨額の負債を抱え、新型コロナ禍により疲弊した一部の中南米諸国にとって、中国からの巨額資金は重要な生命線である。中南米の親米政権の中でも最も米国、しかもトランプ大統領と相性が良かったブラジルのボルソナーロ大統領ですら、ＢＲＩＣＳから撤退することはなく、むしろブラジル産品の「お得意先」である中国との関係増進を常に模索していた。

以上から推測できることは、仮に親米政権、保守系政治家であっても、最終的には自分が代表する国家の国益を優先する、という当たり前の現実である。中国ほど、経済的利益を政治的に利用できる才能に恵まれた国家はないが、逆に言えば、「カネの切れ目が縁の切れ目」であることも厳粛なる事実だろう。どこの地域でも基本は同じだろうが、中南米の「グローバルサウス」に対する働きかけに特効薬などないのである。

中南米諸国とトランプ政権

中南米地域が中国以上に懸念していたのが、米国のトランプ候補「再選」だ。彼らの懸念は少なくとも3つあった。第1は、トランプ候補や側近が「再選後米国内の全ての不法移民を強制送還する」と繰り返し述べていたことだ。米本土安全保障省の推定では、2022年現在、米国内の不法移民数は1100万人で、そのうちメキシコ人が約480万人、中米諸国が200万人以上、カリブ諸国と南米諸国がそれぞれ50万人以上いるという。

勿論、強制送還には裁判所を含む米国内の法的手続きが必要であり、しかも、実際に送還するためには受け入れ国の協力が不可欠だ。しかし、全体で800万人近くもいる被強制送還者を受け入れる余裕のある中南米国家はないだろう。仮にそれが可能でも、国内の失業問題を悪化させたい国などないはずだ。それでもトランプ政権なら確実に強制送還を試みるだろう。これが第1の懸念である。

第2の懸念は、トランプ候補が「米国への輸入品に一律10%の関税をかける」と述べたこと。更に、第3はトランプ氏の側近が、中南米諸国の開発問題は、中南米を対象とした「米州開発銀行」などの国際金融機関を通じてではなく、基本的に「2国間交渉で議論する」と述べていることだ。いずれも、中南米諸国にとっては頭痛の種であり、万一、これが実行されれば、中南米諸国の米国離れに益々拍車がかかるだろう。

中南米諸国としても、トランプ氏からこれほど見下されたら、面白いはずはない。歴史的、構造的な中南米諸国の反米・嫌米感情は一層先鋭化するだろう。第1期トランプ政権が中南米を重視せず、財政的支援を削減し、人道支援を中断しただけでなく、環太平洋連携協定（TPP）からも離脱したことを中南米諸国は忘れていない。貿易赤字削減ばかりに執着するトランプ氏が万一再選されたら、米国による中南米「グローバルサウス」の取り込みなど不可能だろう。

第八章
ロシア

ソ連が世界の表舞台から去った後、西側諸国は「ルールに基づく秩序」、すなわち経済、金融、政治、文化面での完全支配を押し付け始めた。「黄金の10億人」は、「グローバルサウス」と「グローバルイースト」諸国や「ソ連後の領域」で新植民地開発に乗り出している。……かつてロシアは、脱植民地化プロセスを推進するリーダーだった。（中略）困難な冷戦の下、ソ連は、「グローバルサウス」と「グローバルイースト」の友好国が、産業の基盤を築き、安全を確保して、主権的発展の権利を履行する努力を支援した。

（ラブロフ露外相、2024年2月16日、諸国民の自由のためのフォーラムでの演説）

興味深いことに、帝政時代のロシアは、古典的な西洋の帝国とは異なり、近隣諸国を植民地化して併合することはあっても、海外では植民地を持たなかった。その意味では、ロシアと「グローバルサウス」諸国との関係は意外に新しく、ソ連時代の国際共産主義運動、すなわち、ロシア革命後の1919年に世界共産主義革命を目指して設立されたコミンテルン（共産主義インターナショナル）などの活動が、その原点になっている。

1960年11月にはモスクワで「81カ国共産党・労働者党代表者会議」が開かれたが、同会議に参加した81カ国の共産党のうち、半分以上は現在の「グローバルサウス」諸国からの出席だった。同会議の声明には「アメリカ帝国主義は世界反動の支柱」「植民地主義の完全な崩壊は不可避」といった文言もあった。要するに、当時ソ連共産党は、反帝国主義運動の手段として、対「グローバルサウス」工作を重視していたのである。

他方、当時は中ソ両国の路線上の対立が既に表面化しており、同声明の内容もソビエト共産党の「平和共存路線」と中国共産党の「帝国主義との対立」路線を併記する折衷・妥協の産物だった。その意味では、現在の「グローバルサウス」諸国に対する中露間のせめぎ合いの原点も、この国際共産主義運動だったと言えるかもしれない。

「招かれた」ソビエト連邦

こうした共産主義運動とは別に、1960年代以降、ソ連は中東アラブ諸国など世界各地の開発途上国、特にエジプト、シリア、イラク、アルジェリアなど、アラブ社会主義系の一部のアラブ諸国に対する経済・軍事支援を拡大していった。中でも、最も象徴的な事案が当時のアラブ連合（エジプト）のナセル大統領の悲願であったナイル川上流のアスワン・ハイダム建設への支援である。

建設が決まったのは1954年、当初は米国や世界銀行が資金援助する予定だったが、米国の対イスラエル武器援助に反発したエジプトがソ連製武器を輸入したこともあり、米国と世銀は建設費用援助を拒否した。これに対しソ連はスエズ戦争後の58年に資金援助を開始し、同ダムは70年に完成した。それだけではない。ソ連の対中東アフリカ支援は軍事分野でも行われた。主なものとしては、

- 1971年5月、ソ連・アラブ連合友好・協力条約の調印とソ連軍事顧問団のエジプト駐留開始（その後、1976年3月に破棄）

・1972年4月、イラクと友好・協力条約に調印
・1978年11月、エチオピアと友好・協力条約に調印
・1979年10月、南イエメンと友好・協力条約に調印
・1978年12月、アフガニスタンと友好・善隣・協力条約に調印
・1980年10月、シリアと友好・協力条約に調印

がある。

それでは、ソ連のこうした努力が実を結んだかといえば、必ずしもそうではない。それどころか、ソ連はこれだけの支援を行いながら、結局はエジプトから放逐され、アフガニスタンを失い、中東各地の戦略的要衝の多くから撤退してしまう。シリアなど一部の例外を除き、中東での軍事プレゼンスは大幅に縮小し、ソ連は同地域での影響力を失っていったのである。

その理由は簡単、当時のソ連は、その実力により中東諸国に進出したのではなく、当時米国との関係改善が思うように進まなかった一部の強硬派アラブ諸国が、苦し紛れにソ連に「秋波」を送り、それにソ連が「応じた」に過ぎなかったからだ。その意味では、当時ソ連はエジプトなどアラブ諸国に「招待」されたものの、結果的には「利用」され、多くの場合、「使い捨てられた」とも言えるだろう。

ロシアの悲しい地政学

地政学的に見れば、こうしたソ連の失敗は、ある意味、必然であった。ロシアの原型である15世紀のモスクワ大公国は海に面さない大平原の真ん中にあり、外敵を防ぐ山脈は遠く離れたアジアとの境界にあるウラル山脈、中東方面のカルパチア山脈、南アジア方面のコーカサス山脈しかない。自然の要塞のないロシアは強力な外敵からの侵略に脆弱であり、このロシアの弱さがロシア人の安全保障観を独特なものにしていった。

中でも、13世紀のモンゴル来襲はロシア人の危機感を決定付けた。陸続きの国境は脆弱で、100％の安全を確保するには、敵との間の十分な「緩衝地帯」と、イザという時に海へ逃げられる「不凍港」が必要である。その後、ロシアはこの理想を貪欲に実現すべく、周辺諸国・民族を制圧・併合して「緩衝地帯」を拡大した。19世紀までには、ようやく巨大な帝国が出来上がり、それがソ連に引き継がれたのである。

ところが、ソ連崩壊後、欧米諸国がＮＡＴＯの東方拡大を進めたため、ロシア、特にプーチン大統領の対西側疑心暗鬼が徐々に高まっていった。ソ連解体で旧東欧諸国という歴史的な緩衝地帯を失ったロシアにとって、ウクライナとベラルーシはモスクワ周辺に僅かに残った緩衝地帯であり、国家安全保障の観点からもロシアの生命線だったからである。

プーチン大統領就任時、NATOの東方拡大は西側の既定路線であり、この流れを阻止することは困難だっただろう。ロシアに対する更なる戦略的脅威はアジアからではなく、NATO方面から来ると考えた同大統領は、旧緩衝地帯の近隣諸国の更なるNATO化を阻止するため、ジョージアとウクライナへの軍事侵攻に踏み切った。ロシアに妥協の余地は一切なく、プーチン大統領も国際的孤立など恐れていない筈だ。

だが、プーチン大統領の戦略的判断ミスにより、中長期的にロシアの国力は一層低下していく。また、西側の対露経済制裁の長期化もボディブローで効いてくるので、ロシア経済の低迷とロシア人の人材流出は今後も続くだろう。他方、ロシアは資源大国であり、今後エネルギー価格が再び急騰すれば、NATO側との力関係が再び変化する可能性は否定できない。

いずれにせよ、ロシアが近い将来国際主義、民主主義を志向する可能性は低く、ロシアによるジョージアとウクライナへの侵攻を招いた点で、西側の対ロシア外交は結果的に失敗したと見るべきである。ウクライナ戦争は、プーチンの突然の失脚でもない限り、仮に停戦が成立したとしても、いずれ再発する可能性が高い。そうなればロシアの国際的孤立は一層深まるだろうが、こんなことでプーチン大統領が改心するとは思えない。

ロシアの対「グローバルサウス」工作の限界

以上の通り、過去数世紀間、帝国主義的拡大を続けてきたロシアは、１９９１年のソ連崩壊により大きな壁に直面した。更に、２０２２年にはプーチン大統領の戦略的判断ミスによりウクライナ戦争が長期化したため、ロシア国家はその存続そのものにかかわる大きな試練に直面している。第二章で述べた通り、ロシアがソ連時代の記憶を頼りに「グローバルサウス」諸国への働きかけを再開したのも、当然といえば当然であろう。

今、ロシアはヨーロッパの一部だと自認するだろうが、西欧諸国は勿論、東欧諸国ですら、心の底ではそれを認めていない。また、軍事力と芸術以外に魅力の少ないロシアは、帝国の領域を出て海外で植民地を経営し成功した経験もない。しかも今は戦争をしていてカネもない。そのような国家が、アジア、中東、アフリカに進出して、「グローバルサウス」諸国への働きかけを深めようとしても、それには自ずから限界があるだろう。

第九章
インド

私たち「グローバルサウス」は、未来に対して最大の利害関係を有しています。人類の4分の3が私たちの国に住んでいます。私たちもそれに応じた発言力を持つべきです。過去80年間のグローバル・ガバナンス・モデルが徐々に変化する中、私たちは新たな秩序を作る努力をすべきなのです。……インドは常に、グローバルサウスの兄弟たちと開発経験を共有してきました。私たちの開発パートナーシップは、あらゆる地域と多くの分野に及んでいます。パンデミックの際インドは100カ国以上に医薬品とワクチンを供給しました。インドは、私たちの共通の未来を決定する上で、開発途上国がより大きな役割を果たすことを常に支持してきました。

（モディ首相、2023年1月12日、グローバルサウスの声・首脳会議での演説）

インドというと「グローバルサウスのリーダー」なるイメージが一般には強いが、インド外務省が「グローバルサウス」なる概念を使い始めたのは比較的最近のこと、具体的には、筆者が調べた限り、2022年12月にインドがG20の議長国になってからの話である。翌23年1月、インドは「グローバルサウスの声サミット」なるオンライン首脳会合を主催した。ちなみに、同会合には125カ国の代表が参加している。

本章の冒頭に紹介したのは、同会合の冒頭スピーチでモディ首相が述べた内容だ。「グローバルサウスの兄弟たち」に対するインドの並々ならぬ意欲と情念が感じられるではないか。では、このインドの「グローバルサウス」外交の原点は何かと問われれば、恐らく、多くの識者はインドの「非同盟主義」を挙げるだろう。ところが、筆者の見立てはちょっと違う。

巨大な「ひょっこりひょうたん島」地政学

筆者が小学生の頃、NHKで「ひょっこりひょうたん島」という人形劇が放映されていた。

ある日、ひょうたん島にサンデー先生と5人の子どもたちが遠足にやってきたが、突然、火山が大爆発してひょうたん島が本土から切り離され、大海を漂流し始めるという奇想天外な物語だった。インドと何の関係があるかって？　実は筆者、インドは巨大な「ひょっこりひょうたん島」なのではないか、と最近思うようになったからだ。

インド亜大陸はインド洋を北に漂流し、ユーラシア大陸に衝突した後も、まだ北上を続けているそうだ。ここは大陸ではなく、亜大陸の巨大な島国、それ自体が一つの「小宇宙」である。北方はヒマラヤとチベットを挟んで中華と対峙し、西方は中東からイスラムの脅威を受け、更に東方ではミャンマーを含むインドシナと接している、今後も人口が増え続ける巨大なインド亜大陸には、他者を寄せ付けない地政学的独自性がある。

しかも、インドは、これら外敵からの脅威以上に、混沌とした亜大陸内部の各地域問題、民族問題、身分制度、インド国内の1億人ともいわれるイスラム教徒の存在など、インド特有の様々な内からの脅威にも直面している。それ自体一つの小世界として半ば独立したインドには、インドが求めるものを、インドのやり方で、他人が何と言おうと、勝手に獲得していこうとする、良い意味での、唯我独尊的風土がある。

インドの対「グローバルサウス」外交

インド外交を一言で表せば、それは「独立した強力なインドの実現」に尽きる。インドの目的は、独立し、かつ強力なインド一国による最大利益の追求である。どんな勢力がインドの独立を脅かす存在となるか分からない以上、インドには特定の友好国や敵対国だけを念頭に置く戦略は恐らくないだろう。中長期的にはともかく、少なくとも近い将来、インドが「同盟国」を持つことは基本的にないと見るべきだ。

この点では、インドのアプローチは、同じく「グローバルサウス」諸国の取り込みを狙う他の主要国とは異なる独特のものだ。インドは、自国の地政学的に脆弱な安全保障環境を克服しようとするロシア、米国との戦略的覇権競争で優位に立とうとする中国、1945年以降の国際的政治・経済・軍事的秩序の現状維持を図ろうとする米国のいずれとも同盟関係を結ぶ気はない。こうした仮説を更に掘り下げていけば、次の通りだ。

- 最近インド外交が中国に対する懸念を深めていることは事実だが、インドの「グローバルサウス」外交は決して中国を牽制するための手段ではない
- インドは、従来の経緯もあり、ロシアと緊密な関係を長年維持しているが、だからといっ

て、インドの「グローバルサウス」外交がロシアとの連携の産物というわけでもない
・中露とも微妙な距離を置くインドではあるが、今後米国との連携を深めていくことと、現在のインドの「グローバルサウス」外交は、別問題である

強かなインド外交

外務省で直接インドを担当したことのない筆者にとって、インドは常に大きな謎であった。あれだけ広大な領土と巨大な人口、多様な民族と文化を持つインドで、なぜ民主主義が定着、実践されているのか。そんな民主主義国家が、なぜウクライナ戦争では対露経済制裁に加わらず、ロシア石油を買い続けるのか。インドの「グローバルサウス」外交の目的は結局何なのか。筆者の現時点での見立てを書こう。

・インドに民主主義が定着した歴史的経緯には諸説あるようだが、それがインド人の民度なのか、国民性なのかを含め、正直なところ、理由は不明である。
・ただ、科学的ではない「直感」で申し上げれば、インド人は国内に複数の権力中心が存在することにあまり不安を感じず、統治権力者も他の権力中心を完全には取り除こうとはし

ないようである。

- この点で、インドはヨーロッパやイランに近く、逆に、「統治権力者が他の権力中心の存在自体を認めず、それが台頭すれば必ず抹殺する」中国やアラブ世界とは大きく異なっている。
- インドがウクライナを侵略するロシアを非難せず、中国と共にロシア原油を購入するのは、インド軍の主要兵器が今もロシア製であり、ロシア製スペアパーツ供給なしにインドの安全保障を確保できないからだ。
- 前述の通り、インド外交の目的は「独立した強力なインドの実現」であるが、ロシアのウクライナ戦争はインド自身の独立と安全を直接脅かす要素ではないため、対露関係を維持することと矛盾はしない。
- 海洋国家ではなく、日米英豪など海洋国家と戦略的利益が必ずしも一致しない「亜大陸」インドは、インド自身のやり方で、外交をより一層多角化、重層化しようとしている。
- 人口が増え続けるインドの経済的潜在力は大きいが、過当競争、インフラ未整備、税制・法制面での官僚主義の弊害なども少なくないため、インド経済の発展には「グローバルサウス」経済との連携が不可欠となる。

・しかも、目下のインド政府最大関心事は、国内の民族・宗教問題、特に国内の1億人近いイスラム教徒関連の諸問題であり、中東イスラム諸国との関係の維持・強化は急務の課題となっている。

以上の仮説が正しいとすれば、インドが「グローバルサウス」外交を積極的に進める理由は明白であろう。インドはその巨大な人口が生むハイテク人材と有望な市場を提供できる潜在的な経済大国であるが、同時に、その官僚的非効率や複雑な税制、慢性的財政赤字やインフラ未整備、インフレ圧力や経常赤字拡大などが健全なマクロ経済運営を妨げており、それが外資系製造業にインド進出を躊躇させる要因ともなっている。

既に述べた通り、インドの「グローバルサウス」外交は特定の国家を念頭に置くものではないが、その背景に中国との確執があることも否定できない。ロシアはインドにとって脅威ではないが、中国は直接的な脅威となり得る。最近インドが中国との関係を見直し、中国に対しより厳しい態度をとるのは、インドにとって中国とロシアの地政学的な意味合いが微妙に異なるからであろう。

ちなみに、インドとの関係では、最近日本でもＱＵＡＤが注目されているが、これはあくまで日米印豪の対話の枠組みであり、軍事同盟とはなり得ない。前述の通り、インドに同盟国は不要であり、QUADの目的はあくまでインドを「エンゲージ」する、すなわち「関与させる」ことに尽きる。中露との関係でインドが、「独立した強い国家」であり続け、中露のいずれにも寄らず、中立を維持することが重要だからである。

第十章
中国

中国は発展途上国として、「グローバル・サウス」の一員として、常に他の発展途上国と一蓮托生であり、発展途上国の共通利益を断固として守り、国際問題における新興国と発展途上国の代表性と発言権の強化を推進している。中国には覇を唱える「遺伝子」はなく、大国間の角逐への衝動もなく、揺るぎなく歴史の正しい側に立ち、揺るぎなく「大道の行わるるや、天下を公と為す」ことを遂行している。

（習近平国家主席、２０２３年8月22日、ＢＲＩＣＳビジネスフォーラム閉会式での演説、於南アフリカ）

中国の地政学的環境

中国は巨大で孤立した「島」だ、とする見方がある。筆者の理解では、その概要は次の通りだ。

- 現代の中国は島国である。中国を囲む山々、ジャングル、荒地という外殻は中国という「島」を包むと同時に、それを守っている。この「島」とは中国の伝統的な中心地であり、肥沃な河谷農業が営まれる漢民族の故郷であるが、実は、中国の繁栄はこの「島」にしか存在しない。「島」の沖合や深海では、中国は驚くほど未開発のままだ。しかも、この豊かな「島」は外水域から遠く離れ、孤立している。
- されば、今の中国の最大の地政学的要請は、漢民族の統一を確保するため、世界経済に直結する島（豊かな沿岸部）と沖合（貧しい内陸部）のバランスを取り、国内の安定を維持することだ。中国は近年その経済力を飛躍的に拡大したが、中国の輸出が効果的であればあるほど、中国は世界経済への依存を深めていく。逆に言えば、国際情勢が悪化するほど、中国製品に対する需要は減少し、中国の行動の余地も狭まっていく。
- 中国は経済力と軍事力でロシア、インドを含む周辺諸国に対し優位を保てるようになった。

現在、この中国の地政学的野心に挑戦できるのは米国だけである。米国は中国の権力者の「統治の正統性」を否定し、軍事、政治、経済的手段を駆使して、中国の「島（沿岸部）」と「沖（内陸部）」を分断し、漢民族の統一を破壊しようとしている。それにも拘らず、孤立した「島」である中国に戦略的利益を共有する真の同盟国はない。

以上の見立てが正しいとすれば、中国が「グローバルサウス」外交を展開する最大の目的は、米国をはじめとする現状維持勢力からの挑戦に対抗するため、中国の立場を理解し、可能であれば、支持、共闘してくれる国を少しでも増やすことである。更に、中国が抱える国内のイスラム圏ウイグルや仏教圏チベットなど少数民族問題につき「グローバルサウス」諸国がそれに同調・支援しようとする動きを封ずることも重要である。

典型例としてウイグル問題を取り上げよう。最近欧米諸国を中心に、中国のウイグル自治区での人権侵害は「ジェノサイド（民族集団虐殺）」だとの批判が高まっている。２０２２年の北京冬季五輪では米国など一部西側諸国が外交ボイコットを表明して、国連人権高等弁務官事務所も、中国がウイグル自治区の少数民族に対し「深刻な人権侵害を実施」したことは「人道に対する罪にあたる可能性がある」とする報告書を発表した。

当然、中国側はこれに強く反発し、国際社会からの非難に対しては「人権を盾にした内政干渉は認められない」などと批判する一方、「グローバルサウス」諸国に対しても、それに同調しないよう働き掛けを行っている。そうした努力もあってか、アジア・アフリカ諸国の一部には、中国を擁護する国も少なくないようだ。人権よりも安定を重視する中国にとって「グローバルサウス」外交は重要性を増すばかりである。

「中華民族」と米中の確執

「中華」とは、地理的には漢族の興った黄河流域一帯を指し、歴史的には漢族が周辺の蛮族との対比で自らの文化の優越性を誇示するための概念だった。現在中国政府は、「中華民族」を「中国56民族の総称」と定義し、中華文化は「全中国人民を結ぶ精神的紐帯」だと説明している。しかし、歴史に照らせば、こうした説明にはどうしても無理がある。

「中国56民族の総称」と言うが「中華民族」の95％は漢族だ。しかも、漢族による中国全土の支配はせいぜい数百年間しかない。されば、イスラム圏のウイグル族や仏教圏のチベット族が、本来漢族を指していたはずの「中華」の一部だと言い切るのは難しいだろう。やはり、現在の中華人民共和国は、圧倒的多数であるとはいえ、漢族が他の少数派諸民族・勢力を支配する一種の帝国なのである。

今の中国が漢族の民族国家ではなく、中国共産党が漢族以外の少数民族をも事実上支配する多民族帝国だとすれば、中国に民主主義を導入することは自己否定に繋がる。そんなことをすれば、ウイグル、チベットをはじめとする非漢民族の領域だけでなく、漢民族内でも利益の異なる国内各地で、個別の政治的主張が噴出し、「共産党の指導」の下で帝国を維持できなくなるからだ。

今の中国が直面するもう一つの危機が「中所得国の罠」だ。開発途上国の1人当たり所得が1万ドルを超える頃、その国はもはや低賃金と世界の工場による輸出主導型経済政策だけでは立ち行かなくなる。この「中所得国の罠」から逃れるには規制緩和、内需拡大、国有企業改革、技術革新などの諸政策が不可欠だが、今の中国はこれと真逆の政策で建国以来最大の経済危機を克服しようとしている。

なぜ共産党がこのような無理を重ねるのか。それは、こうでもしないと中国共産党の「統治の正統性」は維持できないからだ。百歩譲って、建国当時は「中国を統一」し「抗日愛国戦争に勝利」した共産党にのみ「正統性」があったとしても、その後「共産党の正統性」は徐々に風化し始めた。改革開放政策による「経済的繁栄」も、愛国主義による「ナショナリズムの鼓舞」も、党の「正統性」回復には繋がらなかったのである。

1989年の天安門事件後、西側は「中国を豊かにし、市民社会を作って、内側から民主化を進める」ことを画策した。しかし、この目論見は見事に失敗し、それにようやく気付いた2期目のオバマ政権から米国は対中政策を転換し、今や高関税や技術移転制限など様々な手段で中国を抑止しようとしている。一方、中国にとって米国は最も手強い戦略的競争相手かつ事実上の仮想敵国だ。両国関係が改善する見込みは当面ないだろう。

中国の対外援助の歴史

中国の「グローバルサウス」諸国支援の歴史は意外に長い。中華人民共和国の建国は1949年だが、翌年には早くも対外援助を始めている。中国は自国による援助を開発途上国間の相互支援（南南協力）と位置付けており、先進国によるODAとは一線を画している。その基本原則は、64年に当時の周恩来国務院総理が発表した「対外援助8原則」（平等互恵、主権尊重、内政不干渉等）とされている。まずは中国の対外援助の歴史を見ていこう。

中国は援助対象として伝統的にアフリカを重視してきた。例えば、2018年9月のFO

CAC（中国・アフリカ協力フォーラム）首脳会合で習近平国家主席は、①産業促進行動、②インフラ連結行動、③貿易円滑化行動、④グリーン発展行動、⑤キャパシティービルディング行動、⑥健康・衛生行動、⑦人文交流行動、⑧平和・安全保障行動の「8大行動イニシアティブ」を発表し、計600億ドルの新たな支援を発表している。

私事で恐縮だが、筆者は1980年夏、外務省研修時代にスーダンを訪れた際、中国の対アフリカ援助の「凄さ」を思い知らされたことがある。当時、ハルツームには信じられないほど美味しい中華料理屋があった。味付け、料理法だけでなく、そもそも食材や野菜まで、本場中国と全く同じだったからだ。一体なぜスーダンでこんな本格中華料理にありつけるのか、と聞いたら、答えは驚くべきものだった。

何と、仕入れ先は中国の対スーダン農業支援プロジェクトだという。当時の中国の対スーダン援助手法は独特で、まずスーダンと同じ緯度・風土の中国南部の村から多くの農民をリクルートする。現地に着いたら自分たちのために、出身地と同じコメ、野菜などをまず栽培する。ハルツームの中華料理屋はこうしてできた農産物の「おこぼれ」を活用しているのだそうだ。道理で、美味しいわけである。

ちなみに、当時中国が宣伝していた対外援助8原則とは、筆者なりに纏めれば以下の通りだ。

①平等互恵原則の下、一方的施しではなく相互的とする、
②被援助国の主権を厳格に尊重し、いかなる条件・特権も求めない、
③中国政府は無利子・低利貸付で被援助国の負担を軽減する、
④目的は被援助国の対中依存ではなく、自力更生、独立発展を助けること、
⑤援助国政府が所得を増やし資金を蓄積できるようにする、
⑥国際市場価格に基づき、価格交渉を行い、提供設備・物資の交換に同意する、
⑦被援助国が提供技術を掌握できるようにする、
⑧派遣専門家はいかなる特別な要求や恩恵も求めない。

振り返ってみれば、どれも素晴らしい原則ばかりであり、当時の周恩来総理は実に偉かったと思う。だが、今の中国がやっている対「グローバルサウス」援助の実態はこれと真逆ではないか。特に最近は、中国の支援が、一方的で、条件が厳しく、高利子で、対中依存を深め、対外債務を増やし、財務状況が不透明で、技術移転がなく、「中国人の、中国人による、

中国人のための」経済援助になっている、との批判が根強い。

上海協力機構の拡大

中国が、BRICSとともに、重視してきたのが上海協力機構（SCO）である。SCOは2001年、中露、カザフスタン、キルギス、タジキスタンにウズベキスタンを加えた6カ国で正式に発足したが、その後拡大を続け、04年6月にモンゴルがオブザーバー参加、05年7月にイラン、パキスタン、インドがオブザーバー参加、09年5月に対話パートナー制度を新設してベラルーシとスリランカが対話パートナー参加、12年6月にアフガニスタンがオブザーバー参加、トルコが対話パートナー参加、15年7月にインド、パキスタンが正式加盟、ベラルーシがオブザーバー参加、アルメニア、アゼルバイジャン、ネパール、カンボジアが対話パートナー参加を、それぞれ果たしている。

更に、21年9月にはイランの正式加盟手続きを開始、サウジアラビア、エジプト、カタールの対話パートナー参加手続を開始、22年9月にアラブ首長国連邦、ミャンマー、クウェート、バハレーン、モルディヴが対話パートナー参加手続を開始、23年5月にアラブ首長国連邦、ミャンマー、クウェート、モルディヴが対話パートナーとして参加、同年7月にイランが正式加盟、バハレーンが対話パートナーとして参加、24年7月にベラルーシが正式加盟して、現在に至っている。

ＳＣＯの前身は１９９６年４月に中国、ロシア、カザフスタン、キルギス、タジキスタンの首脳が上海で集まった「上海ファイブ」会合だ。当時はソ連崩壊後の中央アジア諸国と中国との関係の緩和を目指す地域協力組織としての色彩が強かった。２００１年のＳＣＯ正式発足時も、当初はロシア主導で、中国の指導力は必ずしも強くなかったが、近年はロシアに代わって、中国の影響力が次第に高まっている。

確かに、国際的枠組みとしてのＳＣＯはかなり大規模な集団となりつつあり、それなりに影響力も拡大している。だが、加盟国数だけではこの種の集団の実力は測れない。詳しく見れば、現在ＳＣＯの正式加盟国は中露、カザフ、タジク、キルギス、ウズベク、インド、パキスタンの８カ国しかない。しかも、経済規模では突出している中国とインドが、実際には潜在的ライバル関係にあることも忘れてはならない。

第十一章
南アフリカとエチオピア

ＢＲＩＣＳブロックは、グローバル・ガバナンス改革に関する限り、グローバルサウスの正当な代弁者である。また、経済的、政治的、社会的協力のためのグローバルなアジェンダ設定においても、重要なプレーヤーであり続けている。ＢＲＩＣＳの拡大は、我々のブロックの重要性が高まっている証拠であり、我々の協力は新興国や発展途上国が共有する利益・価値をグループとして促進する上で重要な役割を担っている。

（Naledi Pandor 南アフリカ国際関係・協力大臣、２０２４年６月11日、開発途上国とのＢＲＩＣＳ会合、於ロシアのニジニ・ノヴゴロド市）

第二部各国編では、これまでＢＲＩＣＳ諸国をアルファベット順に取り上げてきた。もうお気付きと思うが、ＢＲＩＣＳといっても、南米の旧植民地で嫌欧米のブラジル、欧米に強迫観念を抱くロシア、南アジアで独立独歩のインド、米国と覇権を争う中国、と各国の地政学的環境や戦略的目標はそれぞれ微妙に異なる。されば、当然ながら、南アフリカの「グローバルサウス」観も同じ旧植民地のブラジルとは一味も二味も違うようだ。

南アフリカの地政学的環境

南アフリカは広大なアフリカ大陸の南端という、気候が比較的温暖で、欧州・南北両米大陸からも距離があり、かつ自国の独立を脅かす近隣国も存在しない、という地政学的好条件を享受している。南アフリカの脅威は内政であり、特に、アフリカ大陸で最後まで続いた、人種差別の厳しい白人優位のアパルトヘイト政策をめぐる国内の政治闘争が同国最大の不安定要因だった。

１９９１年にアパルトヘイトが撤廃され、全ての人種が初めて参加した94年の大統領選挙以降、南アフリカで政権を担ってきたのはネルソン・マンデラ率いるＡＮＣ（アフリカ民族会議）だった。「テロリスト」の烙印を押された上27年間も獄中にいたマンデラとその後継者が、「報復」ではなく「赦しと和解」という高貴な精神の下、比較的穏健な政策を着実に実行したため、南アフリカは西側諸国とも良好な関係を維持してきた。

南アフリカのBRICS加盟

南アフリカ外交が変化し始めるのは、ブラジル、ロシア、インド、中国の４カ国で始まったＢＲＩＣＳに、２０１１年、南アフリカが5番目の加盟国として参加した時期と重なる。当時の南アフリカは、ダイヤモンドなどの豊かな天然資源の輸出を続ける一方、サブサハラ・アフリカの全ＧＤＰの約20％を占める経済大国、アフリカ経済を牽引していく新興国として注目され始めていた。

南アフリカは、ＢＲＩＣＳ加盟の具体的なメリットとして、①南アフリカの地位と影響力が高まり、②他の加盟国の経済政策や技術的専門知識を利用でき、③「新開発銀行」から資金援助が受けられ、④様々な多国間機関の改革をめぐる国際場裏での発言力が強化され、⑤相互尊重と平等主権に基づく世界秩序を推進する上でも利益があることなどを挙げて、ＢＲＩＣＳ加盟が「戦略的に重要だ」と説明している。

アパルトヘイト撤廃以降、ＯＡＵ、非同盟諸国会議、英連邦、ＳＡＤＣに加盟・再加盟し、94年6月には20年振りで国連総会の議席を回復した経緯を持つ南アフリカは、その「グローバルサウス」諸国、特にＢＲＩＣＳに対する外交を基本的に「中立」「非同盟」に基づくものと説明してきた。だが、第二章で触れた通り、南アフリカはウクライナ問題でロシア寄りの姿勢を取った。これに違和感を抱いた向きは少なくなかった筈だ。

南アフリカは親ロシアか

２０２２年、ロシアのウクライナ侵攻を非難する国連総会決議案が上程された際、ＡＮＣ政権は、西側と一線を画し、ロシア非難に同調せず、対露経済制裁にも加わらなかった。しかし、これには経緯がある。ソ連時代のロシアが、国際共産主義運動支援などの一環として、ＡＮＣを含むアフリカなどの民族解放運動を一貫して支援していたことは第八章で触れた通りだが、こうした経緯を理由として挙げる識者は少なくない。

実際に、ソ連は、南アフリカの解放運動の強力な支援者であり、軍事訓練の提供や活動資金の援助などを含む大規模な支援をＡＮＣに対し行っていた。南アフリカ政府関係者の外交演説では、南アフリカ・ロシア両国間の絆の象徴としてこのことが必ず言及されるのだそうだ。試しに、ＡＮＣ出身の大統領のスピーチの一つを読んでみたが、確かにＡＮＣの対ロシア観は独特なものである。

こうした歴史的な経緯もあり、南アフリカ国民の大多数を占めるアフリカ系非白人の欧米不信は根深い。これがウクライナ侵攻を受けて噴き出し、ロシア寄りの姿勢につながっているとの分析もある。中には、多くの西側諸国がアパルトヘイト体制を擁護していた過去に鑑みれば、それが「欺瞞的に聞こえるのは無理もない」といった報道すらあった。だが、果たして、それだけなのか。筆者の見立てはちょっと違う。

２０２４年６月の連立政権

過去30年以上、南アフリカで政権を維持してきたＡＮＣも、国内経済格差の拡大や汚職の蔓延など統治の長期化に伴う弊害から逃れることはできなかった。国内の経済情勢は厳しく、深刻な電力不足による経済低迷から脱却するため貿易・投資拡大は急務となっていた。ＡＮＣは国民の支持を維持するためにも、ＢＲＩＣＳ加盟やウクライナ戦争・ガザ紛争での親ロシア、反イスラエル姿勢を、従来以上に強調せざるを得なかったのではないか。

しかし、こうした努力は、案の定、奏功しなかった。２０２４年5月の総選挙で１９９４

年以来初めて過半数を割り、「挙国一致政権」を目指して他党との連立を余儀なくされたからだ。ビジネス界に支持基盤を持つ現実路線の白人系最大野党DA（民主同盟）がポピュリズムや過激な黒人優遇策を掲げる他の野党との連立を拒否したため、ANCは同年6月、DAとの連立に追い込まれた。

しかし、ANCとDAの経済・外交政策には大きな溝がある。第二章でも触れた通り、ANCのラマポーザ政権はガザでの民族大量虐殺を理由にイスラエルを国際司法裁判所（ICJ）に提訴したが、これには親欧米系でロシアに批判的といわれるDAが強く反発したようだ。また、国内経済政策でも両党の意見は異なり、特に、人種隔離下で白人が取得した土地の再分配を巡っては両党の意見が収斂していない。

新たな連立政権の下で、DAは同党党首が農相で入閣するなど計6ポストを確保したが、国際関係・協力相や財務相には従来通りANC出身者が就任している。国内の格差是正、ウクライナ戦争やパレスチナ・ガザ戦争などをめぐり閣内協調がどこまで進むかは不明であり、これまで「グローバルサウス」外交で主導的役割を果たしてきた南アフリカが「外交の表舞台から遠のきそうだ」といった分析すら散見される。

連立政権の「グローバルサウス」外交

現時点では、新連立政権外交の方向性はよく見えない。だからと言って、新政権が南アフリカの外交政策を大きく変えると見るのは時期尚早ではないか。確かに、DAはANC内の汚職・腐敗に批判的だし、経済政策でもANCの社会主義的左派路線とは相容れないだろう。しかし、南アフリカを取り巻く内外の政治経済環境に鑑みれば、現時点で外交方針を急に転換することが同国の国益に資するとは思えない。

連立政権発足直後の2024年7月21日に中国・武漢で開かれたBASIC（ブラジル、南アフリカ、インド、中国）グループ会合で南アフリカの新任農林水産環境大臣は「南アフリカ新政府の立場は、グローバルサウスの同胞との揺るぎない連帯」であり、BASICグループは「より持続可能で公正かつ公平な国際秩序に向け、開発途上国の利益を明確化・促進するための重要な戦略的プラットフォーム」だと述べている。これを読む限り、南アフリカの「グローバルサウス」外交に当面大きな変更があるとは思えない。

もう一つの重要な要素は経済だ。南アフリカの貿易相手国は輸出入とも中国がトップだが、米国はその中国に次ぐ貿易相手国である。南アフリカは米のアフリカ成長機会法（AGOA）の優遇対象国だが、2025年以降この優遇措置を失えば、南アフリカの農業、自動車関連部門などに深刻な影響が出る。南アフリカも米国との関係悪化は避けたいのが本音だし、米中に比べれば、対ロシア経済関係など質量とも限定的なものである。

南アフリカ外交、特に「グローバルサウス」外交は、アパルトヘイト撤廃以来の南アフリカという国家の「正統性」と、実際の経済的利害を踏まえた「現実主義」という2つの変数の連立方程式であった。この点は、ANCは勿論、DAであっても無視できない要素である。されば、南アフリカの「グローバルサウス」外交も「正統性」と「現実主義」を時々で使い分けていかざるを得ないだろう。

他のアフリカ諸国

アフリカ諸国では今も、人口増、貧困、エイズ、内戦等問題が山積みで、特に、ソマリア、マリ、中央アフリカ、南スーダンなどでは無政府状態が続いている。また、「サハラ以南」のアフリカは、旧宗主国が人工的に設けた国境内で、多くの部族・民族間抗争が頻発し、国内では貧困が進行する中で、マラリアやエボラ出血熱、エイズなどの感染症も蔓延しており、中には平均寿命が60歳に満たない国すらある

他方、一部には経済が発展し治安の安定した国もあり、更に、南アフリカ、ボツワナ、シ

エラレオネのようにダイヤモンドや金属、レアアース、原油などが豊富な資源産出国も少なくない。また、植民地時代に引かれた人工的国境線が多いため、現在の国境線内での民族対立・部族対立は必ずしも現地の政治的実態を反映していないことが少なくなく、そのことが各国で慢性的な不安定要因となっている。

アフリカの貧困の原因については、世界銀行が2005年に報告書を発表している。同報告書は、①統治制度の脆弱さ、②教育問題、頭脳流失、エイズなど感染症による人的資源の脆弱さ、③貿易と対外債務に依存するモノカルチャー経済の脆弱さと、④外国からの援助資金の低下という4つの環境の影響で歴史的に開発が遅れたと指摘する。ここでは、その典型例として、最近BRICSに参加したエチオピアに触れておきたい。

エチオピアのBRICS加盟

紅海と中東に近接するアフリカ最古の独立国エチオピアは、人口約1億2000万人、経済成長率も年5%を超える有力国だが、エチオピアの地政学的環境は、同じアフリカでも、南アフリカなどとは大きく異なる。エチオピアの最大の地政学的問題は、同国がアフリカ大陸東部の、紅海からアラビア海に面した海上交通の要衝である「アフリカの角」地域の内陸国であることだ。

エチオピアには海の出口がない。隣国は北から時計回りで、紅海とアデン湾に面したエリトリア、ジブチ、ソマリアがあり、続いてはケニヤ、南スーダン、スーダンだが、周辺国のソマリアやスーダンでは長年紛争が続いている。また、かつてエチオピア領だったエリトリアが1993年に独立した後、早くも98年には両国関係が悪化し国境紛争が勃発したが、同紛争は国連の調停もあり、2000年6月には一応収まっていた。

ところが、2020年には北部ティグレ州を実質支配する地方政党の軍事部門が政府軍基地を攻撃し、政府軍も大規模な反撃に出たため、周辺国を巻き込む形で内戦が勃発してしまう。この内戦は2022年11月の和平協定で漸く終結はしたものの、現在もエリトリア軍がティグレ州に留まる一方、エチオピア北部では様々な武装勢力が活動を続けており、長く不安定な情勢が続いている。

内外の投資家はこうした状況を「リスク」と捉えたためか、エチオピアは2023年12月25日、国の借金が支払えなくなる債務不履行（デフォルト）に陥ってしまう。同国政府は欧米や中国からの融資を受け鉄道を中心にインフラ開発を推進していたが、内戦で経済成長率が鈍化したこともあり、3300万ドルの利払いを断念したようだ。ちなみに、コロナ禍後のデフォルトはザンビア、ガーナに続き3カ国目である。

そのエチオピアは、エジプト、イラン、アラブ首長国連邦とともに2024年1月からBRICSに参加した4カ国の一つだが、約30の加盟候補国の中からエチオピアがBRICSに参加できたのは、中国との緊密な経済関係によるものといわれる。中国は「一帯一路」インフラ構想の一環として、隣国ジブチの海港までの鉄道や首都の地下鉄など、エチオピアに多額の投資を行っているからだ。

こうして見てくると、エチオピアのBRICS参加には、これまで見てきたブラジル、ロシア、インド、中国、南アフリカなどとは異なる背景があることが分かる。すなわち、返済能力を超えた過大な融資を受けた開発途上国が、内政の理由などで債務不履行の恐れが生じたため、今後の債務再編に向けた交渉を有利に進めるため、苦し紛れにBRICS、特に中国の支援に頼らざるを得ない、というパターンである。

このことは一見、BRICSの優位を示すとの分析もあろうが、筆者の見立てはむしろ逆である。既に見てきた通り、「グローバルサウス」ではエチオピアのようなデフォルト寸前のケースも決して例外ではない。されば、今後もエチオピアのような巨額債務を抱えた国々がBRICSに参加しても、BRICSの「新開発銀行」による支援には限度があるため、

ＢＲＩＣＳ全体の影響力はむしろ低下する可能性すらあるだろう。要するに、集団が拡大しても、影響力が拡大するとは限らない。筆者がＢＲＩＣＳ＋の将来に悲観的な理由の一つがこの問題である。

第十二章 サウジアラビアとＵＡＥ

我々は、ＢＲＩＣＳ指導者のビジョンを尊重し、ＵＡＥがこの重要なグループのメンバーに加わったことを感謝する。我々は、世界の全ての国々と人々の繁栄、尊厳、利益のため、協力を続けていくことを期待している。

（ムハンマド・ビン・ザーイドＵＡＥ大統領、２０２３年8月23日、Ｘへの投稿）

サウジアラビアは建国以来最大の試練に直面している。過去半世紀で外国人を除く人口は約６００万人から２５００万人に膨れ上がったが、その間、原油生産量は大きく変わっていない。ということは、国民の所得は4分の1になったということ。これまでその安全保障を基本的に米国に頼ってきたサウジアラビアがBRICS参加を決めた背景には、将来に不安を抱く湾岸富裕産油国の「あがき」すら感じられる。

筆者がそう考える理由を説明するため、まずはアラビア半島の産油国の地政学的環境を見ていこう。

アラビア半島の地政学的環境

アラビア半島はその大半を砂漠が占める世界最大の半島だが、この地域は地政学的に見て危険極まりない場所でもある。東はペルシャ湾を挟んでペルシャ帝国、北東がメソポタミア、北西にはレバント、イスラエル、エジプトがあり、半島自体も沿岸部の気難しい諸部族によって囲まれているからだ。イスラム教の2つの聖なるモスクと世界最大レベルの石油・ガス田がここになければ、あまり注目されることはなかっただろう。

ところが、慈悲深い唯一絶対神はこの地の民に対し、7世紀にイスラム教を、20世紀にエネルギー資源を、それぞれ与えたもうた。半島の人々は、史上初めて周辺巨大帝国の圧力に対抗できる「力」を手に入れたのだ。しかし、この半島が持つ宗教的権威と財政的パワーだけでは、組織化された強力な軍隊は作れない。これこそ世界の主要勢力がこの半島の政治・経済・軍事情勢に関与し続けてきた理由である。

現在のサウジアラビアは、アラビア半島内陸のサウード族と、厳格なイスラム法統治を求めるワッハーブ派イスラム集団の連立政権であり、その厳格なイスラム法解釈・統治は同国の強さでもあり、不安定さの要因でもあった。世界有数の原油埋蔵量を誇るサウジアラビアも、過去半世紀で人口は4倍となり、従来の方法では統治に限界が見えてきた。現皇太子は自らに政治権力を集中させ、王国の生き残りを模索しているのだ。

安全保障面ではこれまで米国に深く依存してきたサウジアラビアだが、2021年の米軍のアフガニスタン撤退前後からは米国の「中東離れ」を見据え、ロシアや中国との関係強化も模索している。また、内政面では従来の厳格なイスラム主義的統治を一部緩和するなど開明的な姿勢を示し始めた。これらも全て王国の生き残りのための手段と見るべきであろう。

「サウジアラビア」とはアラビア語で「サウード部族」による「アラブの王国」を意味する。アラブ圏にはヨルダン、モロッコ、バハレーンなど他にも王国はあるが、「アラブの王国」を名乗るのは国王が「二聖地（マッカとマディーナ）の守護者」だからだろう。但し、サウード部族がこの称号を手に入れたのは、マッカの太守フセインのヒジャーズ王国を制圧した

1928年以降のことである。

サウジアラビアのもう一つの特徴は厳格なイスラム法解釈による統治だ。イスラム教ではマリク（王）に宗教的権威がないので、サウード族は18世紀に厳格な教義を持つイスラム教ワッハーブ派と盟約を結び、自己の政治的権威を補強してきた。だが、ムハンマド皇太子はかかる宗教上の制約を緩和しながら、脱原油時代に備えた大胆な各種改革の実現を目指している。最近のサウジアラビアのBRICS参加に向けた一連の動きも、以上のようなサウード王家の生き残りを賭けた「方針転換」の一環として理解すべきであろう。

サウジアラビアは本当にBRICSに参加するのか

サウジアラビアのBRICS参加の目的は、①サウジアラビア経済の脱石油化と多角化を推進し、②自国経済を更に発展させつつ新たな貿易機会を開拓することで、③地域的な指導力を強め地政学的舞台でより大きな役割を果たすことである。こうした努力は、国家の近代化と多様化を目指すムハンマド皇太子の野心的な「サウジ・ビジョン2030」の一環として、位置付けることも可能である。

他方、米国は今後ともサウジアラビアの国家安全保障にとって不可欠の同盟国であり、B

RICSに参加するからといって、サウジアラビアが対米関係を「見直し」始めたと考えるべきではない。BRICS参加はあくまで中東における米国のプレゼンス低下に備えた一種の「保険」に過ぎない。サウジアラビアは、こうした保険を掛けた上で潜在的脅威であるイランを牽制しつつ、アラブ世界における指導的役割の強化を狙っているのだ。

なお、本書執筆時でもサウジアラビア政府がBRICSに「正式参加」したとの「公式発表」は確認できていない。報道も交錯しており、既に「公式に参加した」とする報道機関もあれば、匿名のサウジアラビア政府筋を引用して「現在も検討中」とする報道もある。真相は不明であるが、最近サウジ政府関係者が対外的に公式発言した際も、なぜか「BRICS参加」には一言も触れていないようだ。

識者の中には、イランと同時にBRICSに参加することを避けただけとか、米国からの要請を受け先延ばししているといった見方もあるが、これまた真相は不明である。現時点で筆者が考え得る仮説は次の通りだ。

- サウジアラビアは皇太子の下で内外の主要政策を部分的に見直し、王国の生き残りを図っている
- BRICS参加もその一環であるが、これはサウジアラビア外交の戦略的な方針変更では

ない
- サウジアラビアの「グローバルサウス」外交が経済的利益の拡大を目指していることは間違いない
- 同時に、サウジアラビアは「二聖モスクの守護者」としての宗教的利益にも配慮する必要がある
- その意味でも、同王国の「グローバルサウス」外交は戦術的な手段の一つである可能性が高い

UAE（アラブ首長国連邦）の「グローバルサウス」外交

以上のように複雑な利益が錯綜するサウジアラビアに比べれば、同じく富裕湾岸アラブ産油国であるアラブ首長国連邦（UAE）の「グローバルサウス」外交の目的は基本的に経済的利益である。UAEはアラビア半島の南東部、ペルシャ湾に面する沿岸地域の諸部族からなる、人口1000万弱の小国であり、地政学的には常に地域の大国であるイランの圧力に晒されてきた。

産出する膨大なエネルギー資源が生む「カネ」以外に主たる地場産業を持たないUAEは、

常に国際情勢、特に地域の政治経済情勢に対し脆弱であった。UAE外交の目的は基本的に「生き残り」、すなわち、この現状を可能な限り維持し、同国の経済的優位を可能な限り拡大することである。その意味では、UAEの「グローバルサウス」外交は、サウジアラビア以上に戦術的である。

UAEのBRICS参加の利益としては、

- BRICSグループの大規模かつ急成長する市場へのアクセスを拡大できる
- これにより2国間貿易協定や投資の新たな機会が生まれ、経済の多角化が期待できる
- BRICS内で進む自国通貨建て貿易の動きに対応し、欧米通貨への依存度を下げる
- インフラを近代化し経済発展を促進するための財源や技術的ノウハウを得る

等が考えられる。

他方、BRICS参加による不利益もある。「カネ」以外に主要な外交手段を持たないUAEは、米・中・露・イランなど主要国同士の政治経済的競争の狭間で、常に微妙なバランスを保つことが求められるからだ。UAEがBRICSに参加することで、その外交政策を「ロシア寄り」、「中国寄り」に変えたと欧米諸国から誤解されれば、UAEの本来の目的である経済的利益の最大化が阻害される要因にもなり得る。

第十三章 トルコ

現在のグローバル・システムは、少数派の利益を保証された人たち以外、誰も満足させることができない。今日の状況に合わせて抜本的に見直すことなしに、現在のシステムを継続することは不可能である。新興経済国の比重が高まっていることをシステムに反映させることが必須である。……トルコは、対GDP比で、また全てのカテゴリーにおいて、援助供与国のトップの地位にある。

（エルドアン大統領、２０１８年7月、ＢＲＩＣＳアウトリーチ会合での発言、於南アフリカ）

トルコは近代以降、東洋と西洋の狭間で政治的、文化的、宗教的な「アイデンティティの模索」を続ける周縁国家の一つである。大航海時代から産業革命を経て「西洋」が台頭する中、自国、自民族の本質や帰属意識について「葛藤」し続けた「東洋」の民族の代表が「ロシア」と「日本」と「トルコ」だった、と筆者は考えている。その中でも、特に、トルコは「自分たちは何者なのか」を今も問い続けている。

冒頭のエルドアン大統領の言葉が暗示するように、トルコは現在の国際システムに疑問を呈しながらも、インドや中国などとは異なり、常に自らを「グローバルサウス」の一員だと称したり、「グローバルサウス」の中で指導的な役割を模索したりすることはなかった。強いて言えば、トルコの「グローバルサウス」外交には、時期や内容によって、「濃淡」があるということだろう。果たしてその理由は何だろうか。

トルコの地政学的環境

現在のトルコは西アジアのアナトリア半島と東欧バルカン半島東南端の一部を領有する共和制国家だが、その帝国としての歴史は長い。特に、11世紀のセルジューク朝、15世紀にビザンツ帝国を滅ぼしたオスマン朝は、イスタンブールを都に、東はアゼルバイジャンから西はモロッコまで、北はウクライナから南はイエメンまでを支配する大帝国となった。
その後帝国内の各地でナショナリズムが勃興したため帝国は衰退したが、トルコは今も地域大国であり、北は黒海とマルマラ海、西と南は地中海に面し、西はブルガリア、ギリシャ、東はジョージア、アルメニア、アゼルバイジャン、イラン、イラク、シリアと陸上国境で接している。現在のトルコは、この歴史的大帝国の直系の後継国家では必ずしもないが、国民の間には今もその記憶が続いているはずだ。
以上から分かることは、トルコが地中海東部にある有力国家であり、以前からバルカン半島を通じて欧州とは、接触や交流、場合によっては戦闘の長い歴史を共有していることだ。同時に、こうしたトルコの地政学的環境は今のトルコ人の「アイデンティティ・クライシス」の原因にもなっている。そうしたトルコの「葛藤」の中でも最も重要と思われるのが、トルコ国家の政治的・文化的な「帰属意識」である。

トルコ人はヨーロッパ人か？

トルコ人は自分たちをヨーロッパ人だと信じているが、トルコの最大の悲劇は、ヨーロッパ人が必ずしもそう思っていないことだ。欧州諸国は決して公式には認めないだろうが、その決定的な理由は宗教にある。EUが、カトリック、プロテスタント、東方正教といった違いはあっても、基本的にキリスト教圏であるのに対し、トルコはイスラム教国だ。近い将来、トルコがEUの正式メンバーになることは恐らくないだろう。

では、なぜトルコはNATO加盟国なのか。それは、1950年代初頭、トルコが加盟を強く望み、西ヨーロッパ諸国の強い反対にもかかわらず、米国の強い支援を得て、加盟できたからだ。ちなみに、当時トルコはNATO加盟に向けた米国の支持を得るため、朝鮮戦争に参戦し7500人もの兵士を派遣している。それほどトルコはヨーロッパの一員として認められたかったのである。

米国としても、東西冷戦による緊張の高まりから、ソ連（ロシア）の南方で何度もロシアと戦いを繰り返してきたオスマン帝国（トルコ）の戦略的重要性を強く認識していたに違いない。こうしてトルコは晴れてNATOの一員となり、欧米とともに冷戦を戦って勝利した。少なくともここまでは、欧米諸国とトルコの利益は一致していたのである。

皮肉なことに、ソ連崩壊によってトルコの立場は微妙に変化していく。欧州での冷戦勝利に貢献したと自負したに違いないトルコはEU加盟交渉を加速させた。ところが、欧州キリスト教諸国は、理由にならない理由を繰り返し、正式加盟を認めない。そんな状態が20年ほど続く中、トルコ国内ではトルコ独自の利益確保、イスラムの伝統、地域大国としての矜持を重視する勢力が台頭した。その代表格がエルドアン大統領である。

要するに、今のトルコは米国を中心とするＮＡＴＯと決別する気はないものの、欧州諸国がトルコを受け入れない以上、中東、中央アジアなど欧州以外の地域との関係改善、影響力増大を図るとともに、ロシアや中国とも関係を強化して、全体のバランスを取ろうとしている。トルコに「グローバルサウス」外交があるとすれば、それはトルコの「アイデンティティ・クライシス」の結果の一つと見ることも可能なのだ。

トルコ経済と「グローバルサウス」

トルコが「グローバルサウス」外交に最も熱心だったのは、２００３年にエルドアン氏が率いるＡＫＰ（公正発展党）が政権を獲得してからの約10年間だったといわれる。エルドアン政権発足当初は公約どおり改革に取り組み、トルコ経済は好調で、中東その他の地域とも良好な外交関係を保ち、軍の介入を排して政局を安定させたため、欧州諸国もそれを歓迎した。この頃からＡＫＰは「グローバルサウス」外交を活発化させる。

具体的には、イラン、ロシア、アルメニア、中国や中南米諸国、サブサハラ・アフリカ諸国など、ＥＵ諸国以外の「グローバルサウス」諸国との関係強化に努め、一時は「グローバルサウス」でのトルコの影響力が拡大した。ところが、いわゆる「リーマン・ショック」以降は慢性的な経常赤字と通貨安によりトルコ経済に陰りが見え始め、ＡＫＰ政権としても以前のような多額の対外支援は続けられなくなっていく。

トルコの「グローバルサウス」外交について包括的な分析はあまり多くないが、ある欧州の研究者によれば、最近はトルコ政治における「グローバルサウス」の重要性が徐々に低下しているようだ。同分析によれば、

- ウクライナ戦争やガザ紛争などトルコ周辺地域が不安定化しつつあることに加え、トルコ国内の民主主義の後退もあり、トルコの「グローバルサウス」の優先順位は以前ほど高くはなくなった。
- 経済成長に必要な投資を得るため、今後トルコは伝統的な西側経済大国や台頭するアジア諸国、特に中国との結びつきを強めようとする。
- トルコの政治課題における「南」の重要性は徐々に低下している。ラテンアメリカやサハラ以南のアフリカは、今後数年間、周縁的な役割に追いやられるだろう。

・要するに、トルコ外交の将来はトルコ経済の回復力次第である。生産と輸出の回復が遅れれば、トルコは資源を再配分せざるを得ず、人道的外交や開発援助への投資も削減されるだろう。

などと結論付けている。この分析の当否はともかく、トルコの「グローバルサウス」外交がトルコ経済の強弱によって左右される可能性があり、少なくとも現在は「グローバルサウス」への優先度が低下していることだけは間違いなかろう。左様に、トルコの「グローバルサウス」外交も機会主義的かつ戦術的ということだ。

トルコの「グローバルサウス」外交

以上のように、ＮＡＴＯには加盟できてもＥＵには恐らく当分加盟できないトルコは、「頭は欧州ながら、体は中東イスラム」という「アイデンティティの葛藤」を内包するユニークな国家である。しかも、エルドアン政権のイスラム化政策もあり、元々経済基盤が脆弱なトルコの経済政策は、インフレ昂進の下で利下げを断行するなど迷走を続けており、不透明感は今後も解消されそうもない。

袋小路のトルコ外交は、エルドアン長期政権の下、欧米諸国との関係を維持しつつも、同時にロシアや中国との関係緊密化も図り、中東・中央アジア・アフリカ・中南米でも自国の影響力拡大を試みている。こうしたエルドアン政権の、強かだが機会主義的外交を「グローバルサウス」外交と呼ぶべきなのか、そもそも、トルコを「グローバルサウス」の一員と位置付けること自体適当なのだろうか。疑問は残る。

第十四章
イラン

現在、世界は重層的で複雑な危機に取り組んでおり、COVID－19、紛争、戦争、テロリズム、低開発、貧困と経済的不平等の悪影響の再来に直面していると同時に、不況とインフレにも直面している。その一方で、多くのプレーヤーが、世界的な危機や問題の解決のための協議や協力に参加する代わりに、自分たちの一方的な利益のために努力を傾け、国際金融経済機関への潜入や残酷な一方的制裁の賦課を通じて、独立国や多国間主義を求める国々に圧力をかけている。

（ホセイン・アミラブドッラーヒアン・イラン外相、2023年1月、「グローバルサウスの

声」サミットTV会合での発言）

イランと「グローバルサウス」との関係は微妙である。そもそも歴史的にイランは大帝国で、英露など列強から様々な干渉を受けたことはあったが、「グローバルサウス」諸国の多くとは異なり、西洋の植民地や保護国になった経験がない。しかも、インドやブラジルのように「グローバルサウス」諸国の「代表」然と振舞うこともない。そもそも、イランの指導者が「グローバルサウス」なる概念を用いて対外関係を語ること自体稀である。

もし、イラン外交に「グローバルサウス」との接点があるとすれば、それは「世界の虐げられた人々、特にイスラム教徒を擁護する」というイラン外交政策の原則に基づき、西側諸国、特に米国との対決に異様なほど重点が置かれていることだ。その意味で、イランの「グローバルサウス」外交は中国に似ている。すなわち、その最大の目的はイスラム共和国の「統治の正統性」を守り「生き残りを図る」ことである。

イランの地政学的環境

イランは南西アジア地域の大国で、北西はアルメニアとアゼルバイジャン、北がカスピ海、北東はトルクメニスタン、東にアフガニスタンとパキスタン、西はトルコ、イラクと接し、南西には狭い湾がある。その水域がペルシャ湾と呼ばれる理由は、以前イランがクウェート、バハレーン、オマーンなど湾岸アラブ地域を支配したことからであるが、当然、アラブ側はこの水域を「アラビア湾」と呼んでいる。

現在のイランは歴史的にペルシャ帝国の領域で、前6世紀にアケメネス朝、3世紀にはササン朝、次いでイスラム化した後も、16世紀のサファビー朝、18世紀のカジャール朝がそれぞれ栄えた。20世紀のパーレビ朝は１９７９年の革命で倒れ、政教一致のイスラム共和国となったが、中東でのイランの地政学的影響力は変わらない。

イスラム革命後のイランが「被抑圧者の擁護」を唱える背景には、宗教勢力がイラン最後の皇帝パーレビの世俗主義的な強権政治に強く反発したことがある。また、イランの政治指導者は「イスラム教の聖地であるエルサレムを支配するイスラエルと同国を支援する米国はパレスチナ人を抑圧する悪魔」などと主張するが、この反イスラエル・反米の姿勢はイランにおけるイスラム共和制「統治」を正当化する手段ともなっている。

シーア派イランはイスラム圏の少数派

イランは「イスラム教による統治」という正統性を主張する。しかし、これでイランが「グローバルサウス」イスラム圏諸国に対する影響力を維持・拡大しているかといえば、実は必ずしもそうではない。最大の理由は、「グローバルサウス」諸国のイスラム教の大多数が「スンナ派系」であり、イランで主流のいわゆる「シーア派系」イスラム教は、イスラム圏の中では少数派、場合によっては「異端」ですらあるからだ。

「二聖モスクの守護者」であるサウジアラビアは勿論、エジプト、ヨルダンを始めとする中東北アフリカのアラブ諸国は、バハレーン、シリア及び人口の半数近くがキリスト教徒のレバノンを除き、殆どがスンナ派系イスラム教国である。サウジアラビアなど湾岸アラブ諸国はイランの潜在的脅威を常に懸念してきた。1980年にイラクのフセイン大統領が革命下のイランを攻撃したのも、イランの影響力拡大を恐れたからだ。

ちなみに、イラン・イラク戦争は、イスラム革命で混乱するイラン（ペルシャ）を叩いてイラク（メソポタミア）の優位を確立したかったフセイン大統領の野望の結果である。他方、このイラクの攻撃は革命下にあったイラン国内を逆に一致団結させてしまった。イラン・イラク戦争というフセインの判断ミスが現在の中東湾岸地域の混乱を招いたことは歴史の皮肉といっても過言ではない。

イランの「グローバルサウス」外交

既に述べた通り、イランの「グローバルサウス」外交は、自国の政治体制の「生き残り」と現政権の「統治の正統性」維持を第一目的とするという点で、中国の「グローバルサウス」外交に似ている。他方、米国を中心とする国際的経済制裁の対象となっているイランがBRICSに参加した目的は経済的・地政学的利益の拡大であることも明白だろう。

他のBRICS参加国と同様、欧米諸国と対立関係にあるイランは、欧米諸国が支配する国際秩序への対抗軸であるBRICSに参加することで、自国に有利なパワーバランスを獲得し、イランの国際的孤立を緩和したいと考えている。特に、エネルギーやインフラ整備分野での投資や技術的専門知識の拡大を通じ、新たな市場へのアクセスを拡大することで、イラン経済の立て直しと多様化を期待しているのだろう。

ちなみに、イラン、サウジアラビア、UAEの参加により、BRICSは世界の原油の8割を支配することになるといった言説も流布されているが、これは必ずしも正しくはない。専門家の予想では、仮にサウジアラビアが参加したとしても、BRICS+が輸出する原油量は世界全体の4割強しかないとの試算もある。しかも、相互に利益が異なるイランとサウジアラビア・UAEが石油戦略で協調する可能性は高くない。

いずれにせよ、イランの「生き残り」の野望には自ら限界がある。そもそもイランは、シーア派（ペルシャ系）イスラム法学者が事実上政治権力を独占する政教一致の国家であり、内政は不安定で、経済も停滞気味である。確かに、国内には豊富な石油資源等があり、本来なら経済的に豊かであるはずなのだが、その国富は革命防衛隊を中心とする宗教勢力に事実上支配されており、一般国民は必ずしも十分裨益していない。

イラン外交の最大の目的はイスラム共和制の維持と体制の生き残りだ。イランは、可能な限り米国の政治的、軍事的圧力をイランの領域から遠ざけ、可能であれば、米軍のプレゼンスを中東地域から放逐するために、あらゆる努力を傾注してきた。当然ながら、イランの「グローバルサウス」外交も、途上国全体の利益増進ではなく、イスラム共和制の生き残り手段の一環という、戦術的、利己的な動機に基づくものである。

これに対し、米国はイラン・イスラム共和制の危険性、特に、湾岸アラブ諸国やイスラエルへの脅威の可能性を革命直後から懸念し始め、1980年代末までに湾岸地域での軍事作戦を実行する米中央軍の前方展開を進めてきた。イラン・イラク戦争に限らず、中東の紛争のほとんどは、宗派対立よりも、国家間の地域覇権や経済利益の分配をめぐる政治的対立が原因である。されば、今後もイランと米国の対立は長く続くだろう。

イラン・イラク戦争により生き延びたイラン・イスラム共和制は、想像以上に強固であり、簡単には崩壊しないだろう。また、各種経済制裁にも拘らず、原油の豊富なイラン経済は、非効率な宗教統治下でも容易には失速しないはずだ。それどころか、近年イランは中東各地への軍事的影響力を一層強めており、今後とも「グローバルサウス」外交などの手段を活用して、国際的孤立の回避に邁進するだろう。

第十五章 エジプト

エジプトは、開発途上国、特にアフリカ諸国や中所得国の債務負担を軽減し、地域機関や国際機関からの借入条件を緩和し、円滑な資金調達手段を提供し、投資を奨励し、これらの国への流入を確保することを求めている。その理由は、地域的・国際的な開発アジェンダに沿った関係各国の開発努力を支援する上で、これらの措置が不可欠だからだ。

（スィースィ・エジプト大統領、2021年9月21日、国連総会での演説）

本来なら、エジプトほど「グローバルサウス」の代表に相応しい国はないだろう。中東とアフリカ大陸の接点に位置し、数千年前から古代文明が存在していた地域の大国でありながら、西欧の植民地支配に翻弄され、今も国家経済は低迷している。アズハルというスンナ派最高教育機関を擁するイスラム教の大国であり、アラブ世界の文化的中心でもある。これほど多くの「身分証明書」を持つ国民はエジプト人ぐらいしかいない。

それにも拘らず、エジプトの政治指導者たちは、インドのように国際場裡で自国が「グローバルサウス」の代表だとはあまり主張しない。中国やイランのように、欧米との対立を緩和する政治的手段としてＢＲＩＣＳを使おうとするわけでもない。エジプト革命以来ほぼ一貫して政権を握ってきたエジプト軍部には、ブラジルや南アフリカのように、欧米諸国の植民地支配や既存の国際秩序に果敢に挑戦する気もなさそうだ。

エジプトの地政学的環境

エジプトは、中東・北アフリカの大国であり、ナイル文明の発祥地でもある。アフリカ大陸の北東端に位置し、北部は地中海に、東部は紅海に、それぞれ面している。西にはリビア、南にスーダン、北東部のシナイ半島ではイスラエル、パレスチナ・ガザ地区と国境を接している。民族・宗教・文化的にはアラブ・イスラム圏に属し、人口は２０２０年に１億人を超えた。筆者にとってはアラビア語を研修した思い出の地でもある。

　１９５2年、自由将校団を率いたナセルらの軍事クーデタにより王政が崩壊した革命の前後、エジプトが直面した最大の問題はイスラエル独立とアラブの同胞パレスチナ人の離散問題だった。歴史を振り返れば、パレスチナ問題の根源は矛盾したイギリス外交にある。20世紀初頭にオスマン帝国と対峙していたイギリスはアラブ人とユダヤ人に対し、前者にはアラブの独立国家を、後者にはユダヤのナショナルホームを約束したからだ。

　前者が１９１５年のフセイン・マクマホン協定、後者が17年のバルフォア宣言であるが、そうした約束にも拘らず、イギリスはパレスチナを含むレバント地域を仏露と分割した。パレスチナは英委任統治領となり、アラブ王国も実現しなかった。これがイギリスの中東「三枚舌外交」である。当然、この矛盾は第2次大戦後により大きな問題を生んでいった。

　１９４７年、国連総会はパレスチナ分割を決議するが、翌年にイスラエルが建国を宣言し、直後に第1次中東戦争が勃発した。その後も56年のスエズ動乱を経て、67年の第3次戦争でイスラエルはアラブ側に圧勝するが、73年の第4次中東戦争ではエジプトがシナイ半島を占領していたイスラエル軍への奇襲に成功する。その後、エジプトのサダト大統領はイスラエルを電撃訪問し、ようやく中東和平プロセスが動き始めた。

78年にキャンプデービッド合意、93年にはオスロ合意がそれぞれ成立し、エジプトに続いてヨルダンもイスラエルと平和条約を結んだが、肝心のパレスチナ側がイスラエルとの妥協を拒み、その後PLOとハマースに分裂するに至って、結局、和平プロセスは頓挫してしまう。この間、エジプトは一貫してパレスチナのためにイスラエルと戦い、和平プロセスを主導するなどして、多大な人的、財政的犠牲を払ってきた。

エジプト経済の脆弱性

これだけパレスチナのために努力したエジプトだが、その犠牲は必ずしも実を結ばなかった。それどころか、慢性的苦境にあるエジプト経済に関する専門家の見立てはかなり厳しいようだ。

- エジプトは過去10年間に借金を繰り返した結果、2015年に400億ドル以下だった対外債務は2022年12月には1629億ドルにまで増えてしまった。エジプト・ポンドは2022年3月以降、対ドルで50％以上も減価した。
- エジプトは、外貨獲得手段として、スエズ運河からの収入、海外で働くエジプト人からの送金、そして観光業に大きく依存しているため、世界的な経済危機や地域の混乱に対して脆弱である。

・エジプトは、約50億ドルの新規融資に向けてＩＭＦと協議中だが、ＩＭＦや他の債権国が求める「通貨の自由変動」はインフレを悪化させ、エジプト国民が食料品やその他の基本的必需品を買うことを困難にさせる。

・エジプトは世界最大の小麦輸入国で、その80％近くがロシアとウクライナからの輸入だが、人口の30％以上が貧困ライン以下のエジプトは何十年もの間、パンに対して補助金を出し、その価格を低く抑えてきた。

・エジプトがＢＲＩＣＳ加盟から有意義な結果を得るためには、慢性的な貿易赤字、外貨不足、対外借入金が過去８年間で４倍になった結果として積み上がった多額の対外債務返済といった問題を解決しなければならない。

最も驚くべきことは、以上の問題点が、１９７９年から2年間、アラビア語研修のためエジプトに住んだ際、筆者が開発経済の専門家たちから教わったエジプトの経済的苦境と、基本的に同じだということだ。あれから45年間、エジプトは本質的に変わっていない。それでも、エジプトはその存在感を維持し続けている。さすが、数千年の文明を誇るエジプトではないか。

エジプトの「グローバルサウス」外交

以上から導き出せるエジプトの「グローバルサウス」外交に関する仮説は次の通りである。中東、アフリカ、地中海、イスラム、アラブなど、エジプトには数多くの特性があり、それぞれ別のＩＤカードを持っている。これを活用して、低所得開発途上国でありながらも、エジプトが「グローバルサウス」諸国の中で指導的立場に立とうと努力しても不思議ではない。ところがエジプトは、

- インドや中国のように、「グローバルサウス」を代表する立場を殊更強調することはない
- ロシアやイランのように、国際的孤立から脱却するため「グローバルサウス」を政治的に使うこともない
- ブラジルや南アフリカのような反植民地主義、反欧米の立場を前面に出すこともあまりない
- トルコのように、西洋と東洋の狭間で苦悩する「アイデンティティの葛藤」もない
- サウジアラビアやＵＡＥのような豊富なエネルギー資源を基盤とする経済力、財政力を持

たない

という点で、これまで分析してきた「グローバルサウス」の有力国のいずれとも異なる。

その理由としては、

①地中海の東南沿岸にあり南欧・地中海文化圏に属するエジプトは、古代から現在の欧州地域と交流が盛んだったためか、その政治的立場は必ずしも反西欧的でなく、

②人口が多い割に天然資源に乏しく、ある程度の石油・天然ガス輸出はあるものの、基本的には、国家収入の多くを海外出稼ぎ労働者の送金、観光、スエズ運河などに依存しており、経済的には脆弱であるが、

③欧州とアフリカと中東の接点に位置するという地政学的優位を活用して、出来るだけ多くの地域、国々との経済的関係を発展させることが最大の国益であるため、

④エジプトがＢＲＩＣＳに参加する最大の目的は、経済的利益と政治的支持の極大化である。

⑤特に、深刻な経済・金融危機や多額の債務問題を抱えるエジプトは、インフラ整備など経済開発のために有利な資金調達、投資拡大、技術取得を必要としている。また、パレスチナ問題以外にも、リビア、スーダンなど周辺諸国と様々な地域紛争を抱えるエジプトは、

ＢＲＩＣＳ参加国加盟国からの政治的支援を得たいとも考えているだろう。その意味では、エジプトほど「グローバルサウス」に共通する諸問題のすべてを抱える不幸な国は他にないかもしれない。

⑥以上の仮説が正しければ、経済力、財政力が乏しく、地域国際情勢の急変に脆弱なエジプトが、自国の政治・経済的利益を最大化するための唯一の手段は、世界の諸勢力間の狭間で絶妙な「バランス外交」を展開し、大国間競争を逆手に取ることしかないということだ。

第十六章
インドネシア

「共に働く」とは平等と包括性を意味し、相互理解があって初めて可能となる。我々は敢えて真実を語るべきである。改善すべきことは多々ある。発展途上国の商品に対する差別的政策は止めるべきだ。すべての国の発展の権利を尊重すべきである。

インドネシアの如き天然資源に恵まれた国が、その天然資源の付加価値を享受できないことは公平だろうか？　インドネシアは天然資源を国内で加工できないのだろうか？

G7諸国が川下産業においてパートナーとなることを望むし、ニッケルやパーム油などの製品についてもOPEC（石油輸出国機構）のような組織を設立すべき時である。

今世界に必要なのは二極化ではなく、むしろ団結と協調であり、Ｇ７諸国は具体的で平等な協調を生み出す大きな役割を担っていることを強調したい。

（ジョコ大統領、２０２３年５月、Ｇ７広島サミットでの発言）

ここまで本書第二部では、「グローバルサウス」に関連する主要国として、ＢＲＩＣＳの初期の参加国であるブラジル、ロシア、インド、中国、南アフリカに加え、アルゼンチン、メキシコ、エチオピア、サウジアラビア、ＵＡＥ、トルコ、イラン、エジプトを取り上げてきたが、本章で分析するインドネシアは、他の主要国と一味も、二味も違う、ユニークな「グローバルサウス」外交を展開している。

インドネシアの地政学的環境

インドネシアは、東南アジア南部の旧オランダ植民地で、東西の距離は最大５１１０キロメートル、赤道にまたがる広大な地域・水域に１万７０００を超える島嶼を抱える、世界最大の群島国家である。

- 陸上の国境線は、南部ティモール島で東ティモール、北部カリマンタン島（ボルネオ島）

でマレーシア、東部ニューギニア島でパプアニューギニアの3国とのみ共有する。

- 海を隔てた隣国としては、パラオ、インド（アンダマン・ニコバル諸島）、フィリピン、シンガポール、マレーシア、オーストラリアなどがある。
- 更に、南シナ海南部のインドネシア領ナトゥナ諸島は、潜在的に、中国などとも領有権が競合する可能性がある。
- 総人口は2億7000万人（2020年）で中国、インド、アメリカに次ぐ世界第4位、世界最大のイスラム教徒多数国であり、同時に、世界第3位の規模を誇る民主主義国家でもある。
- 経済規模は世界第10位で、東南アジアから唯一G20に参加しているが、BRICSには参加していない。
- 東南アジア諸国連合（ASEAN）の盟主であり、ASEAN本部が首都ジャカルタに置かれている。

これだけ見ても、インドネシアが他の「グローバルサウス」主要国とは異なる地政学的環境にあることがわかる。続いては、こうした環境がインドネシアに与える政治、経済、社会的影響について考えたい。

なぜ民主主義が根付いているか

インドネシアを訪れるたびに筆者が思うことは、なぜこれほど多様かつ広大な群島国家で民主主義が根付いたのか、ということだ。インドネシアはイスラム圏で数少ない民主国家の一つ。２００４年の初の直接選挙以降、インドネシアは２０１４年の大統領選挙で初めて民主的な政権交代を実現した。それ以来、大統領直接選挙が定着し、インドネシアは巨大イスラム国家でも民主主義が可能であることを証明したのである。

この間中東では、いわゆる「アラブの春」現象が各国で発生した後に民主化が相次いで頓挫したことを思えば、インドネシアの民主主義が如何に貴重なものか理解できるだろう。だからだろうか、インドネシアが「グローバルサウス」の一員として様々な経済的要求を行うことは多いが、政治的には、必ずしも西側に対し敵対的ではない。それにしても、この国はなぜ民主的であり続けられるのだろうか？

インドとは別の意味の小宇宙

筆者の現時点での仮説はこうだ。インドネシアは、その国土の広さ、島々の数の多さ、人口の大きさ、各地の人種、宗教、文化の多様さなど、他に例を見ないほど多様性に富む国家である。通常、このような国家は独裁と強権で統一を維持しつつ発展を図ることが多いのだが、実際には「力による統治」はそれほど長続きも成功もしない。恐らくインドネシアの政治エリートたちはこのことをよく理解しているのではないか。

インドネシアという多様な「小宇宙」を統治するには、結局は、民主的政治制度の下で、各地の多様性を認めつつ、漸進的な発展を目指すしかない。逆に言えば、国内各地の多様性を認めず、独裁と強権による統治を続けても、いずれはそれに反発する各地域が分離独立を目指し始め、国家統一は維持できず、結果的に国力は衰退していくのである。

非同盟の精神は今も生きている

されば、冷戦下の１９５５年にアジア・アフリカの29カ国・地域がインドネシアのバンドンに集まり、東西両陣営のいずれにも属さない中立勢力の結集をうたった「バンドン宣言」を採択したことも決して偶然ではなかろう。「非同盟主義」は当時経済力で見劣りする新興国が東西大国間対立の狭間で中立を探る動きだったが、この「バンドン精神」はインドネシア国内政策でも模索され始めたのではないか。

こう考えれば、インドネシアが、「グローバルサウス」の一員であることを誇示しつつも、G20を中心とした活動は推進しながら、今もBRICSに参加していない理由が見えてくる。BRICSは中国とロシアの強い影響下にあるが、経済的利益のみを念頭に安易にBRICSに参加すれば、過度に「中露寄り」と見られかねない。こうしたインドネシアのバランス感覚の原点は、やはり1955年の「バンドン精神」なのかもしれない。

イスラム教だが、決して教条的ではない

インドネシアのイスラム教は、東南アジアの他イスラム諸国と同様、サウジアラビアのワッハービズムやイランのシーア派など中東の厳格教義に基づくイスラムとは一線を画している。中東のイスラムをある程度知る筆者が初めてインドネシアを訪れた際、中東のムスリムが布教したイスラム教が現地社会に程よく溶け込んでおり、インドネシア社会に即した宗教的規範・倫理観・バランス感覚が形成されている、と実感できた。

確かに、近年中東の一部のイスラム教関係者が、インドネシアを含む東南アジア諸国で、「中東型」イスラムの布教活動を強化したことは事実である。その種の活動の一部は過激化し、2002年にはインドネシアのバリ島のディスコで爆弾テロ事件が起きた。だが、幸い

イスラム過激主義が現在インドネシアで拡大しつつある兆候はない。当然ながら、インドネシアではインドネシアのイスラム教が信仰されているようだ。

インドネシアの「グローバルサウス」外交

1998年のスハルト政権退陣後、インドネシア経済は「崩壊間近」といった厳しい予測もあった。だが、こうした予想に反し、20世紀後半から21世紀初頭にかけて、インドネシア経済は見事に再活性化された。「グローバルサウス」諸国の多くが国家破綻、累次の経済危機、過激テロなどで停滞する中、過去20年間、インドネシアの経済成長率は、中国とインドを除く、多くの新興国のそれを上回り、経済は着実に拡大している。

1998年以降、インドネシアが自由で公正な大統領直接選挙を何度も実施している背景には、こうしたインドネシア経済の成長による社会の安定があることは疑いない。逆に言えば、こうした経済的余裕があるからこそ、BRICSに参加しなくても、インドネシアは自信をもって「グローバルサウス」外交を進めることが可能なのだろう。

以上を纏めれば、インドネシアの「グローバルサウス」外交は、

- インドや中国とは違う意味で、「グローバルサウス」を代表する立場を表明しているが、
- 政治的には、同じ民主主義国家であるインドなどと同様、欧米諸国との関係は良好であり、
- 中国とは異なり、経済力を武器に、米国との競争や覇権争いのための宣伝工作を進めることはない
- ロシアやイランとは異なり、国際的孤立から脱却するため「グローバルサウス」を政治的に使うこともない
- ブラジルや南アフリカとは異なり、反植民地主義、反欧米の立場を前面に出すことはない
- トルコやロシアとは異なり、西洋と東洋の狭間で苦悩する「アイデンティティの葛藤」はない
- サウジアラビアやＵＡＥほどではないが、ある程度の経済的影響力を持ちつつある

という点で、「グローバルサウス」諸国の中でも絶妙なバランス感覚を発揮しつつあると、言えるだろう。

終章　２０５０年のネクスト大国――縮小・日本は何を準備すべきか？

さて本書もようやく最終章まで辿り着いた。本章ではこれまで分析してきた「グローバルサウス」関係主要国の中から、２０５０年にどの国が「大国」となり、何を目標に、如何なる活動をして、如何なる「結末」を迎えるかを、大国の要件である「領土、人口、資源、軍事力」という４つの観点から展望するとともに、２０５０年には確実に縮小しているだろう日本に何ができるか、そのために何を準備すべきか、を考える。

これまでの「2050年の世界」予想

いつの時代も未来を予測したいという願望が廃れることはない。「2050年」についても例外でなく、ざっと探してみたら、過去10年間で、予想以上に多くの著作が出版されていた。当然ながら、内容は、自虐的な「悲観論」、我田引水的な「楽観論」、冒険を嫌う中途半端な「折衷論」などに大別される。ここからは、まず「悲観論」から見ていこう。

①PwC調査レポート「2050年の世界」（2017年2月発表）

本社をロンドンに置くプライスウォーターハウスクーパース社（PwC）は世界157カ国に30万人近いスタッフを擁する世界最大級の情報サービス会社だ。そのPwCが2017年に「2050年の世界」と題する未来予測報告書を発表している。同報告書は、購買力平価をベースに、「世界の経済力が、現在の先進国から新興国へとシフトする長期的な動きは、2050年まで続く」と分析した上で、

- 2042年までに世界経済の規模は倍増する
- 購買力平価（PPP）ベースで、中国のGDPは既に2017年時点で米国を抜き世界一

であり、市場為替レート（ＭＥＲ）ベースでも、２０３０年までには世界最大となると予測し、更に、２０５０年までに、

- インドは米国を抜き世界第2位となる
- インドネシアは米国に次いで第４位となり、日本、ドイツなどの先進国を越える
- 主要経済大国７カ国のうち６カ国が新興国となる
- ベトナムは世界で最も高成長を遂げ、世界第20位の経済大国となる
- ＥＵ加盟27カ国の世界ＧＤＰに占める割合は10％未満となる

等、欧米諸国や日本にとっては、かなり衝撃的かつ悲観的な予測を行っている。更に、

- 英国は、ＥＵ離脱（Brexit）後も貿易、投資と人材の受け入れにオープンである限り、成長率はＥＵ加盟27カ国平均を長期間上回る
- トルコは、政治不安を払拭し経済改革を推進できれば、２０３０年までにイタリアを抜く

●表4　PwC調査レポート「2050年の世界」予測GDPの世界順位
（PPPベース、2016年基準の恒常10億米ドルベース）

	2016 PPPベースのGDP		2030 PPPベースのGDP予測		2050 PPPベースのGDP予測	
1	中国	21,269	中国	38,008	中国	58,499
2	米国	18,562	米国	23,475	インド	44,128
3	インド	8,721	インド	19,511	米国	34,102
4	日本	4,932	日本	5,606	インドネシア	10,502
5	ドイツ	3,979	インドネシア	5,424	ブラジル	7,540
6	ロシア	3,745	ロシア	4,736	ロシア	7,131
7	ブラジル	3,135	ドイツ	4,707	メキシコ	6,863
8	インドネシア	3,028	ブラジル	4,439	日本	6,779
9	英国	2,788	メキシコ	3,661	ドイツ	6,138
10	フランス	2,737	英国	3,638	英国	5,369

可能性あり

・ナイジェリアはＧＤＰの世界順位が上昇する潜在力を持つが、自国経済の多角化、ガバナンス水準向上とインフラ改善が前提条件である

・コロンビアとポーランドは、中南米とＥＵで最も高成長を遂げる経済大国となる可能性あり

などと予想していた。しかし、以上の個別の国々、特に英国に関する予測は、２０１７年に行われたことを差し引いても、あまり客観的とは言い難く、信頼性に疑問は残る。更に、不動産バブルが弾け、バランスシート不況が始まり、「中所得国の罠」に嵌る恐れが現実化しかねな

い中国経済の現状に鑑みれば、2017年のPwC調査レポートは先進国にとって悲観的過ぎたのかもしれない。

②ヘイミシュ・マクレイ著『2050年の世界　見えない未来の考え方』

マクレイは英国人ジャーナリストだが、彼が2023年に書いた未来予測は「専門家ほどネガティブな誤った認識を抱きがちという『専門家バイアス』」を排し、事実に基づく、より現実的で楽観的なものだった。

同書の予測では、①世界人口の約3分の2が中間層と富裕層になる、②アメリカの先行きは明るい、③アングロ圏が台頭する、④中国が攻撃から協調に転じる、⑤EUは中核国と周辺国に分かれる、⑥インド亜大陸の勢力が強まり、世界の未来を形成する、⑦アフリカの重要性が高まり、若い人材の宝庫となる、⑦グローバル化は「モノ」から「アイデアと資金」にシフトする、⑨テクノロジーが社会課題を解決する、⑩人類と地球の調和が増す、のだそうだ。

先進国にとっては、前述のPwCレポートよりも楽観的な予測だが、それでも、成長の主な牽引役が新興市場と開発途上国になる点では、PwCレポートとあまり大きく変わらない。

「領土、人口、資源、軍事力」から見た「グローバルサウス」

これまで悲観論と楽観論の「2050年予測」を見てきた。両方に共通するのは、どちらも経済的データを基礎にしたエコノミスト的分析であることだ。世の中が平和であれば、経済力がモノを言うのは当然だが、世界が有事に近付けば、予測可能性は低下し、不確実性も高まるので、「カネ」以外の要素が重要になってくる。中でも筆者が注目するのは領土、人口、資源、軍事力という経済動向以外の4つの要素である。

世界を見回しても、米国以外に、これら4つの要素を同時に満たす国家はない。アメリカ合衆国ほど、資源の豊富な、広大な領土を持ち、人口は僅か3億人ながら、世界最先端の巨大な軍隊を、欧州、中東、インド太平洋を含む世界各地に駐留（前方展開）させている国はない。逆に言えば、世界が不安定になればなるほど、米国の「大国」としての相対的優位は高まっていくのである。

米国以外のG7諸国を含む先進国はこうはいかない。領土、人口、資源、軍事力で圧倒的に劣るからだ。しかも、2050年に向け世界の経済力が「先進国から新興国へとシフトする」流れは止まらない。となれば、2050年に米国のGDPが世界何位になるかは別として、米国以外で台頭してくるのは、本書で取り上げた「グローバルサウス」主要関係国のいずれかになる可能性が高い。続いては各国をより詳しく見ていこう。

表5は「グローバルサウス」の主要関係国として本書が取り上げた14カ国を、人口、領土、資源、軍事力のデータで比較したものである。ここから見えてくるのは、「大国の4要件」という視点から見ても、これら14カ国はバラバラであり、「帯に短し、襷に長し」状態にある、ということだろう。以上の観点から、各国ごとに個々のケースを見ていく。

①ブラジル

領土が広く、人口も多く、資源もそこそこで、軍事力も南米地域では断トツのブラジルは、2050年までに地域の「ネクスト大国」になる可能性が高い。他方、同国が「グローバルサウス」全体の中で指導的な「大国」になっていくかについては未知数である。

②ロシア

米国以外に大国の4要件を何とか満たす国があるとすれば、それはロシアである。しかし、これら4要件を満たす割には実質的な経済力を伴わないロシアが、経済的利益の極大化を望む多くの「グローバルサウス」諸国にとりどれだけ魅力的に映るかは疑問である。

③インド

人口、領土では申し分ないインドの弱点は資源、軍事力である。エネルギーや鉱物などの資源が不十分ということは、中国と同様、自給的な経済発展が難しいということでもある。また、軍事力については現在もロシアに圧倒的に依存し続けているため、有事発生の際、インドの政治軍事的影響力には限界がある。

④中国

人口、領土だけでなく、軍事力でも申し分ない中国の弱点は資源不足である。レアアースなど一部例外はあるものの、基本的に中国はエネルギーや鉱物資源だけでなく、14億人以上の人口を養う農産物の大半も、すべて輸入に頼っている。されば、中国の「グローバルサウス」への影響力を過大評価することは

	軍事力（万人）
	陸21.4、海8.5、空6.8
	約115
	約146
	約204
	陸5.0、海0.76、空1.7
	陸4.3、海1.6、空1.3
	29.8
	13.8
	陸7.5、海1.4、空2.0、防空1.6
	6.3
	35.52
	61
	陸31、海1.9、空3.、防空 8
	39.55
	100以上？

●表5　「グローバルサウス」主要関係国の領土・人口・資源・軍事力の比較

国名	領土（万平米）	人口	資源
ブラジル	851.2［22.5倍］	2億1,531万人	鉄鉱石など
ロシア	1,709［45倍］	1億4,615万人	石油ガス
インド	328.7	14億1,717万人	?
中国	960.0［26倍］	14億人	?
南アフリカ	122.0［3.2倍］	6,203万人	金、白金、鉄鉱
アルゼンチン	278.0［7.5倍］	4,623万人	?
メキシコ	196.0［5倍］	1億2,601万人	農業?
エチオピア	109.7［3倍］	1億1,787万人	農業国
サウジアラビア	215.0［5.7倍］	3,217.5万人	原油、LPG
UAE	8.36［北海道］	989万人	原油、天然ガス
トルコ	78.1［2倍］	8.528万人	?
イラン	164.8［4.4倍］	8920万人	原油
エジプト	100.0［2.4倍］	1億1099万人	原油、天然ガス
インドネシア	192.0［5倍］	2億7000万人	石炭、錫、石油
北朝鮮	12.05［3分の1］	2578万人	?

＊領土の［　］内は日本との比較（外務省HP各国データより筆者作成）

できない。

⑤南アフリカ

領土は日本の3倍以上で、豊富な鉱物資源に恵まれているものの、人口が日本の約半分しかない南アフリカの弱点は軍事力の不足だ。陸海空合わせても10万人にも満たない軍事力では、自国の独立を維持するには十分だとしても、「グローバルサウス」諸国に対して本格的な対外軍事介入を行う余裕はないだろう。

⑥アルゼンチン

領土こそ広いものの、人口は

日本の3分の1強で、資源、軍事力の面でも見るべき点の少ないアルゼンチンが「グローバルサウス」のリーダーになる姿はちょっと想像できない。

⑦メキシコ

人口は日本とほぼ同じながら、領土は日本の5倍もあり、農業国でエネルギー・鉱物資源はないものの、軍事力がそこそこのメキシコは、今後も中米地域では有力であり続ける。全輸入の44%、全輸出の82%が米国向けと言われるメキシコの最大の弱点は、米国への依存が強すぎることかもしれない。

⑧エチオピア

人口は日本並み、領土は日本の3倍だが、資源、軍事力のないエチオピアは「グローバルサウス」の典型であるが、典型であることだけでは「グローバルサウス」に対する影響力を高めることはできない。

⑨サウジアラビア

領土、資源では申し分ないサウジアラビアの弱点は人口、軍事力である。1970年代に600万人強だった人口は50年で5倍となり、全体の人口数は増えたが、軍事力は、国内治安を司る13万人の国家警備隊と、米国に依存する10万程度の正規軍であるので、有事の際は役に立たないだろう。

⑩UAE

資源こそ豊富だが、人口、領土、軍事力で見るべきものがないUAEの影響力は限定的である。

⑪トルコ

人口は1億人以下で、資源もないが、領土が日本の2倍、軍事力では地中海・中東で断トツのトルコは、「グローバルサウス」全体ではともかく、中東や中央アジアに限れば、一定の指導的役割を担う「地域大国」となる可能性が高い。

⑫イラン

イランは、領土がトルコの2倍以上、人口は1億人以下ながら、トルコを超える人口増加率があり、トルコにないエネルギー資源と、トルコをしのぐ軍事力を有する。イスラム革命さえなければ、イランはとうの昔に中東地域の「ネクスト大国」となっていたに違いない。

⑬エジプト

人口は1億人を超え、領土は広大、資源もそこそこあり、軍事力も強大なエジプトは、アラブ・イスラム・中東地域の「大国」の資格を有している。但し、「グローバルサウス」の一員という意識と、そこでリーダーシップを求めようとする強い意志を欠く分、エジプトの影響力は限定的である。

⑭インドネシア

日本と比べ人口は2倍、領土は5倍、資源もそこそこあり、軍事力はASEAN諸国の中で最大のインドネシアは、インドに次いでインド太平洋地域の「ネクスト大国」になる資格を備えている。

さて、ここまで書いてきたところで、突然であるが、番外編として、北朝鮮と「グローバルサウス」の関係を簡単に論じておきたい。本書で北朝鮮を詳しく論じなかったことには理由がある。北朝鮮が「グローバルサウス」の一部であることは否定しないが、その特異な政治スタイルと独特の経済システムがある限り、「グローバルサウス」の中で一定の地位を占めるとは思えなかったからである。

⑮北朝鮮

21世紀の世界でも稀な「父子孫」の権力継承を実現した北朝鮮は、他のいかなる「グロー

●表6　「グローバルサウス」主要関係国の特徴

	代表自認	反欧米	反植民地	ID葛藤	孤立回避	対米覇権	経済力	政権交代
ブラジル		○	○				△	○
ロシア		◎		○	◎	○	×	×
インド	◎	△					△	○
中国	◎	◎			◎	◎	△	×
南アフリカ		○	○				△	○
アルゼンチン		△					△	○
メキシコ		△					△	○
エチオピア		△					×	×
サウジ							◎	×
UAE							◎	×
トルコ		△		○			△	△
イラン		○			◎		×	×
エジプト				△			×	×
インドネシア	○						△	○

バルサウス」諸国とも異なる、異様な国家だ。国土は矮小で、人口も３０００万人弱、資源は手付かずで、軍事力だけが１００万人以上のこの国は、核兵器を保持して「生き残り」を図るのが精一杯であり、とても「グローバルサウス」内で指導的地位を得る余裕はないだろう。

ここまで、あれこれ感じたままを書いてきたが、以上に基づき、「グローバルサウス」主要関係国の特徴を敢えて纏めれば、次の表6のようになる。

筆者は「グローバルサウス」主要関

係国を次の7つの類型に分類する。

第1は、「グローバルサウス」諸国への働きかけに熱心なだけでなく、「グローバルサウス」内での主導権を握ろうという野心を抱き、かつ、2050年に「ネクスト大国」になり得る国々であるが、これについては、

①インド型　GS代表自認、民主主義、非反欧米、ネクスト大国候補（インドネシアも？）

②中国型　GS代表自認、独裁主義、反欧米、対米覇権競争、ネクスト大国候補

の2つに大別出来る。

続いては、インドや中国ほど積極的ではないが、「グローバルサウス」への働きかけを行うものの、2050年の段階で「ネクスト大国」となるかは微妙な国々であるが、これについても、

③ロシア型　代表自認せず、独裁主義、反欧米、国際孤立回避、ネクスト大国は微妙（イラン）

④ブラジル型　代表自認せず、民主主義、反欧米、反植民地、ネクスト大国は微妙

の2つに大別可能である。

最後は、それ以外の「グローバルサウス」の主要関係国ではあるが、2050年までに大

国化する可能性の低い国々であるが、これについては、民主不義か独裁主義か、富裕国であるか否か、の違いで次の3つに大別している。

⑤トルコ型　代表自認せず、民主主義、非反欧米で葛藤、日和見主義、ネクスト大国は微妙

⑥エジプト型　代表自認せず、独裁主義、非反欧米、日和見主義、ネクスト大国は無理か

⑦サウジアラビア型　代表自認せず、独裁主義、非反欧米、経済力あるが、ネクスト大国は無理か

それでは日本は何をするのか

本書は「グローバルサウス」という魑魅魍魎の世界に様々な角度から光を当て、その虚像と実像を明らかにすべく分析を試みてきた。もし、「グローバルサウス」について上記の7分類が妥当するのであれば、「グローバルサウス」諸国への働きかけについても、この7類型に基づき、それぞれ違ったアプローチをしていく必要がある。これが本書執筆後の筆者の偽らざる結論である。

最後に、この問題意識を踏まえて日本政府の「グローバルサウス」政策を改めて批判的に検証してみたい。

現在入手可能な最新の日本政府の「グローバルサウス」政策のペーパーとしては、「グローバルサウス」との連携強化について、と題する令和5（2023）年10月17日付の外務省・経済産業省作成資料がある。ここからは、同文書の概要を紹介しつつ、筆者の辛口のコメントを【　】内に加えていく。両省作成資料は、冒頭で日本政府の「問題意識」を次の通り書いている。筆者の注釈が辛辣になることを予めお断りしておく。

1　問題意識

（1）我が国は、一貫して「グローバルサウス」（以下GS）への関与を重視。GSとともに、法の支配に基づく自由で開かれた国際秩序を維持・強化すべく取り組んできている。

【（筆者注、以下同じ）どうしてこんなことが言えるのか。「グローバルサウス」への関与を「一貫して重視」してきたと言うが、「グローバルサウス」なる概念を日本政府が使い始めたのは、つい最近のことではなかったのか。また、そもそも「法の支配に基づく自由で開かれた国際秩序」なる概念は、今「グローバルサウス」諸国が正にその抜本的変更を求めている

国際秩序そのものではないのか。】

（2）国際社会が歴史的な転換点を迎えている中、GSとの関与を更に強化し、分断と対立ではなく協調の国際社会を実現するために、国際社会をリードしていくことが日本外交の重要課題。

【「グローバルサウス」が挑戦を始めた既存の国際秩序の最大の受益国の一つである日本が、「分断と対立ではなく協調の」国際秩序の重要性をどうやって「グローバルサウス」諸国に納得させるのか。この面で「国際社会をリード」するというが、先進国が金融、貿易など国際政治経済システムという既得権について譲歩せずに、どうやって「グローバルサウス」を説得するのか。】

（3）そのために、新FOIPプランを始めとするこれまでの政策を着実に実施。その上で、ODAを始め、投入するリソースや日本企業の現地展開不足等の課題に対処し、我が国とGS諸国の相互の経済成長、経済的強靭性の強化を図っていく必要がある。

【官僚の作文としては及第点だが、日本と「グローバルサウス」諸国間の「相互の経済成長、経済的強靭性の強化」とは具体的に何を意味するのか。まあ、ここまでは問題意識だから、これでも良しとしよう。更に疑問なのが次の部分である。】

2 基本的な考え方

（1）我が国の国益増進につながるものであること。

【我が国の国益増進を図れば、「グローバルサウス」の国益は逆に損なわれるのではないか。ウイン・ウインの解決策は本当に見つかるのか。】

（①法の支配に基づく自由で開かれた国際秩序の維持・強化、②貿易投資関係の強化を通じた相互の経済成長の実現、③重要鉱物等のサプライチェーン構築による経済的強靭性の強化 等）

【これらはどれも日本政府の理屈だが、これを「グローバルサウス」諸国は受け入れるだろうか。】

（2）脆弱国を始め、ＧＳを一枚岩と捉えず、個別の地域・国の事情に応じた、きめ細やかな対応をとること。

【この部分は極めて正しいが、「きめ細やかな」とは具体的にどうするのか。】

（3）国連憲章にある諸原則の重要性や気候変動を含むSDGsなど、GSとの共通項を強調し、国際公益の実現を図っていく姿勢を示すこと。

【国連の諸原則はともかく、SDGsは本当に「グローバルサウス」と先進国側の共通項なのか。総論は賛成でも、各論では「グローバルサウス」各国では、利益が異なるのではないか。】

3　グローバルサウスの脆弱性・経済分野における重要性

・グローバルサウスには、自然災害や紛争・難民問題等、①個々の緊急課題に直面する国々が多いことから、社会環境の安定に向けて寄り添う必要あり。

【「寄り添う」とはいかなる意味か。こんな英語にならない日本語を使っても、「グローバルサウス」諸国は理解できないのではないか。】

・グローバルサウスへの関与強化は、②経済成長、③経済安全保障等の観点から非常に重要。

・一方、グローバルサウスには、インフラの未整備・人材確保、政情不安等の課題があり、日系事業者の進出が十分に進んでいない。

【この部分は、結局目的が「日本の経済成長や日本企業の進出」であると言っているに等しいだろう。】

4 対応案

（1）グローバルサウスとの政策対話や交流の機会を増やす

・ハイレベル交流含め、安全保障・経済等多分野にわたる重層的な対話・協力を活発化。

・国民レベルでの人的交流や草の根交流の機会を増やしていく。招聘・派遣、文化交流。

【政策対話や交流などで「グローバルサウス」諸国との関与は深まるのか。いずれもODA時代の古い手法の焼き直しに過ぎないのではないか。】

（2）具体的な協力の強化

・外交の最も重要なツールの一つであるODAの効果的・戦略的活用。日本の強みを活かし、国毎の事情を考慮したオファー型協力を行い、開発途上国の課題解決と同時に、我が国の課題解決や経済成長にもつなげる。

- 日本企業の現地展開の加速など経済・ビジネス活動の深化を進めるとともに、グローバルサウス諸国との産業協力を強化する。
- 外交行事や総理の外国訪問を念頭に、東南アジア、インドを始めとする南西アジア、中東、アフリカ、中南米、太平洋島嶼国等との間で具体的な協力案件を形成していく。
- 特に、サプライチェーン、エネルギー、重要鉱物、脆弱国支援、DX・GX支援、国際保健などで具体的な協力案件を打ち出していく。

（3）戦略的コミュニケーションの強化

- GSへの関与に際しては、説得力のあるナラティブを効果的に発信することが重要。

【もう、このくらいで良いだろう……。こんな官僚的作文ならいくらでも書ける。こうした旧来の手法では問題は解決しないのだ。】

対「グローバルサウス」戦略のススメ

先ほどの「グローバルサウス」主要関係国7類型に戻ろう。「グローバルサウス」は多種多様であるが、これら諸国に共通するのは、既存の国際秩序に基づく先進国の「既得権」に対し敢然と「挑戦」を始めたことだ。そうであれば、「グローバルサウス」との連携などという一般論の綺麗事だけでは、到底、我が国の国益を守ることはできないだろう。

ではどうすべきなのか。筆者の答えは非外交的であり、かつ極めて冷徹かつ現実的なものだ。第1に、「グローバルサウス」諸国を一致団結させないこと、第2に、そのためには、個々の「グローバルサウス」諸国の特性に応じて、各国へのアプローチに濃淡をつけること、最後に、日本の限られた政治的、経済的アセットを賢く選択的に投入し、「グローバルサウス」へのパワーシフトを一日でも遅らせることである。

具体的にはこうだ。

①インド型　GS代表自認、民主主義、非反欧米、ネクスト大国候補

インド型は民主主義を志向し、必ずしも反欧米ではなく、将来確実に大国化していく国々であり、少なくとも、部分的ながら、価値やイデオロギーを日本など「西側諸国」と共有出

来る可能性がある。日本はインド型の国々の「グローバルサウス」内リーダーシップを拡大しようとする努力を可能な限り慫慂し、「グローバルサウス」内に一定のインド型アプローチ支持勢力が生まれるよう、水面下で支援していくべきである。

他方、「グローバルサウス」としての意識が高いこれらの国々は、中立志向、非同盟志向も強いと見るべきだ。されば、日本を含む「西側諸国」は、インド型の国々が西側の同盟国や準同盟国になり得るなどと安易に期待してはいけない。インド型の国々を関与する目的は、彼らを「こちら側」の同盟国にすることではなく、あくまで彼らが中立を維持し、少なくとも「向こう側」の敵対国にならないよう務めることである。

インド型を関与させるためには、まず、緩やかな対話の枠組みを構築し、インド型の諸国を、可能な段階から、可能な範囲で、かつ漸進的に、参加、参画させていくことが重要である。こうした努力の典型例がＱＵＡＤ（日米印豪対話の枠組）なのだが、同じくインド型に属する、例えばインドネシアについては、既存のＱＵＡＤを利用するか、新たな枠組みを構築するかを決めた上で、適切に関与する機会を作ることが望ましい。

②中国型　GS代表自認、独裁主義、反欧米、対米覇権競争、ネクスト大国候補

中国型の取り扱いは厄介だ。中国型の目的は、自己の政体の「統治の正統性」を守り、米国との覇権争いに敗れないよう、「グローバルサウス」を徹底的に利用することだからだ。ロシアは中国型とは異なる意図と手段を持っているので、中国型に属する国は実質的に中国しか存在しない。似たような立ち位置の国でも、イランは宗教色が過剰であり、また北朝鮮は核兵器以外に「大国の4要件」を決定的に欠いているからだ。

中国型の「グローバルサウス」に対する働きかけは巧妙かつ組織的である。特に、「グローバルサウス」貧困国に対する支援や協力は政治、経済、軍事が一体となった大規模かつ戦略的なものであり、貧困国の実情に合った、質はともかく、廉価な製品やサービスを大量に提供できるので、日本を含む「西側諸国」がこの面でまともに張り合っても、成果はあまり期待できない。

中国型に対処するためには、中国型支援の重点対象国もさることながら、下位中所得国以上の「グローバルサウス」諸国に対する働きかけが有効だ。特に、中国型の支援は、短期的にはともかく、中長期的には、コストが高く、効果も薄いことを対象国に粘り強く説明していくことが重要である。その際は、先進国単独ではなく、インド型の諸国の政府や企業と共

同で支援を企画、立案、実施するという手法も考えるべきだろう。

③ロシア型　代表自認せず、独裁主義、反欧米、国際孤立回避、ネクスト大国は微妙（イラン）

ロシア型の特徴は、経済力よりも、軍事面での支援が顕著なことだ。他の西側諸国ならともかく、日本がこの分野でロシアやイランと競争することは効果的でなかろう。ロシア型のもう1つの特徴は「国際的孤立」のトラウマであるが、その観点からは、西側諸国は、ロシア型が不得意な経済的支援を重視するとともに、国連など国際社会でロシア型諸国の政治的孤立を図っていくべきである。

最大の脅威は中国型とロシア型の連携強化だ。これらの国々が、政治、経済、軍事の分野で連携し、国際的分業を深めていくことは、何としても回避しなければならない。残念ながら、こうした連携は既に現実のものとなっている。「グローバルサウス」外交の観点から見ても、中露イラン北朝鮮などの連携や国際分業は大きな懸念材料となりつつある。

④ブラジル型　代表自認せず、民主主義、反欧米、反植民地、ネクスト大国は微妙

⑤トルコ型　代表自認せず、民主主義、非反欧米で葛藤、日和見主義、ネクスト大国は微妙

ブラジル型とトルコ型は、必ずしも「グローバルサウス」全体をリードすることはなくとも、それぞれの地域で有望な「地域大国」となる潜在的可能性は高い。これらの諸国の最大の特徴は国内経済開発が必ずしも順調ではないことだろう。されば、彼らが「中所得国の罠」から脱し、安定した高所得民主主義国家となっていくよう、主として経済の分野で支援を続けていくべきである。

⑥エジプト型　代表自認せず、独裁主義、非反欧米、日和見主義、ネクスト大国は無理か

エジプト型も効果的支援は難しい国々である。エジプトを例にとれば、領土も人口も軍事力も十分あるのだが、経済成長を上回る人口増加と慢性的な外貨不足により、過去数十年間、「貧困の悪循環」から抜け出せていない。当然政治指導者は、民主主義などの普遍的価値よりも、強権的指導による開発独裁的発展を優先し、いかなる国からの支援も拒まない。それでもエジプト型諸国の崩壊は悪夢であり、その回避は不可欠である。

⑦サウジアラビア型　代表自認せず、独裁主義、非反欧米、経済力あるが、ネクスト大国は無理か

　サウジアラビア型も連携が難しい国々である。強大な経済力、財政力を背景に、独裁君主が、自国（自部族）の生き残りを図るため、様々な政治的保険をかけているからだ。しかも、日本の場合、原油天然ガスをサウジアラビア型諸国に決定的に依存していながら、先方は既に高所得国で、通常の経済支援対象国はとっくに卒業しているので、対応は難しい。この種の国々に対しては政治的、軍事的連携の方が効果的かもしれない。

おわりに

中東屋・日米安保屋の筆者が、まさか「グローバルサウス」本の執筆を依頼されるとは夢想だにしなかった。「グローバルサウス」についてはその道の優秀な専門家が内外に多数おられる。彼らを差し置いて、この分野についてはは素人に近い筆者が纏まった著作を書くなんて、当初は大いに躊躇したものだ。

しかし、途中で考えを変えた。来年は筆者が外務省を退職してから20年という節目の年だが、この機会に、今まで断片的にしか見聞きしてこなかった「グローバルサウス」という世界を、改めて、可能な限り多面的に、重層的に、総合的に書いてみたいと思うようになった。筆者の知的好奇心が当初の躊躇に勝ったということである。

本書は筆者なりに考え抜いて一生懸命書き上げたものだが、筆者自身、決して全てに満足しているわけではない。読者の皆さんはどう思われただろうか。内容に誤りや勘違いがあるとすれば、それは全て筆者の不徳の致すところであるが、「グローバルサウス」の問題は歴史的な経緯を持つ構造的なものであり、今後とも注目していくつもりである。

このあとがきを書いている時点で、欧米メディアはイスラエルの対イラン報復の攻撃対象・時期・規模に注目している。ところが、日本では自民党総裁選挙・新内閣誕生に関心が集中したためか、あまり報じられていない。過去一カ月間を振り返ってみるだけでも、事態は極めて深刻である。

9月17〜18日のヒズブッラー調達のポケベルと無線機の爆発に始まり、9月27日夕にはイスラエルがヒズブッラー指導者ナスルッラー師を空爆で殺害し、10月1日未明にレバノン地上侵攻を開始するに至り、同日夕刻、イランが200発近い弾道ミサイルでイスラエルを直接攻撃したからだ。

万一、イスラエル・米国とイランの間で直接戦闘が始まれば、国際情勢は再び激変し、「グローバルサウス」をめぐる新たな政治的働き掛け合戦が再発するに違いない。場合によっては「グローバルサウス」をめぐる主要国間の力関係が変わる恐れすらあるだろう。それにもかかわらず、日本国内の「感度」は相変わらず低いままである。

ここまでお付き合い頂いた読者の皆様に対し心からの敬意を表したい。本書執筆に当たっては中央公論新社の黒田剛史氏と疋田壮一氏から多くの知的御指導を頂いた。本書の優れた部分はすべて両氏のお陰であり、逆に、出来の悪い部分は全て筆者の責任である。最後に、これまで同様、過去40余年、筆者を見捨てず、諦めずに付き合ってくれてきた妻にも感謝したい。

２０２４年10月９日　石破新首相の下で衆議院が解散された日に

宮家邦彦

宮家邦彦　Miyake Kunihiko

神奈川県生まれ、東京大学法学部卒業。在学中に中国語を学び、1977年に台湾師範大学で短期語学留学、78年外務省入省後、エジプトでアラビア語研修、外務大臣秘書官事務取扱（安倍晋太郎、倉成正、宇野宗佑、各外務大臣）、北米局安全保障課、在米国大使館一等書記官、中東第二課長、中東第一課長、日米安全保障条約課長、在中国大使館公使、在イラク大使館公使、イラクCPA（連合国暫定当局）出向、中東アフリカ局参事官を経て、2005年8月外務省退職、外交政策研究所代表に就任。06～07年、安倍内閣で公邸連絡調整官、菅、岸田内閣で内閣官房参与（外交）。立命館大学客員教授、キヤノングローバル戦略研究所理事・特別顧問。趣味はテナーサックス、バンド演奏。

中公新書ラクレ 824

グローバルサウスの地《ち》政《せい》学《がく》

2024年11月10日発行

著者……宮家邦彦《みやけくにひこ》

発行者……安部順一

発行所……中央公論新社

〒100-8152 東京都千代田区大手町 1-7-1

電話……販売 03-5299-1730　編集 03-5299-1870

URL https://www.chuko.co.jp/

本文印刷…三晃印刷　カバー印刷…大熊整美堂　製本…小泉製本

Published by CHUOKORON-SHINSHA, INC.

Printed in Japan　ISBN978-4-12-150824-9　C1231

中公新書ラクレ　好評既刊

L793
インドの正体
――「未来の大国」の虚と実
伊藤　融 著

「人口世界一」「IT大国」として注目され、西側と価値観を共有する「最大の民主主義国」とも礼賛されるインド。実は、事情通ほど「これほど食えない国はない」と不信感が高い。ロシアと西側との間でふらつき、カーストなど人権を侵害し、自由を弾圧する国を本当に信用していいのか？　あまり報じられない陰の部分にメスを入れつつ、キレイ事抜きの実像を検証する。この「厄介な国」とどう付き合うべきか、専門家が前提から問い直す労作。

L804
ChatGPTは世界をどう変えるのか
佐藤一郎 著

一大ムーブメントとなったChatGPT。その言語処理能力の高さが話題となったように、生成AIの技術革新は速く大きく、私たちの仕事や生活に与える影響が議論されている。ネット広告の効果が低減し、インターネットは衰退していくのか。また、GAFAMのような巨大プラットフォーマー企業はどんな戦略をとるのか。インターネットや社会、ビジネスが今後直面する変化について、コンピューターサイエンスのスペシャリストが解説する。

L823
分断国家アメリカ
――多様性の果てに
読売新聞アメリカ総局 著

アメリカの分断を体現する「排他主義」のトランプ対「多様性の象徴」ハリスの大統領選挙。世界を先導してきたアメリカの民主主義はどこへ向かうのか。ブラック・ライブス・マター運動で広がる黒人と白人の溝、キリスト教やLGBTQを巡る「青い州」と「赤い州」の対立、国境の街とリベラルな都市の不法移民の押し付け合い、ユダヤ・アラブ・アジアなど国際情勢から派生する攻防――激しさを増す軋轢に苦しむアメリカの今を描き出す総力ルポ。